標竿學院 GC024

情緒智慧說話課

話不投機怎麼開口？不爽回擊如何不壞氣氛？

朱凌、常清◎著

方言文化

CONTENTS

目錄

Chapter 1

顏值時代，更拼「言值」

——情緒智慧助你成為「言值」擔當

Chapter 2

情緒智慧是裡子，幽默是面子

——情緒智慧告訴你該說什麼，幽默讓你說得更漂亮

Chapter 3

真正的情緒智慧，不是虛偽，而是溫暖

——把對方放在心上，「良言」不會變「惡語」

Chapter 4

「口吐善言」，最值得稱道的正能量

——提供對方想要的認同感

Chapter 5

「說出口的話」比放心裡的，多一件衣服

——給人溫暖的說話，能讓交情深一點

Chapter 6

帶著同理心說話，做人生贏家

——換位思考的情緒智慧說話課

Chapter 7

不爽回擊、拒絕，怎麼說不傷感情？

——看場合、懂氣氛，知道哪個不該說，更能漂亮說

Chapter 1

顏值時代，更拼「言值」

情緒智慧助你成為「言值」擔當

為友誼護航的「仗義之言」

一個看臉的世界，誰都想提高自己的顏值。然而，如果一個人顏值很高，但他言而無信、花言巧語，你會喜歡他嗎？另一人顏值不高甚至有點低，可他會仗義執言，說些金玉良言，你會喜歡他嗎？會！這就說明外貌的「顏值」遠遠比不上言語的「言值」重要。

黃渤長得不帥，但他努力演到了金馬影帝。曾有一個很帥的主持人問他：「馬雲說男人的相貌跟他的才華成反比，你怎麼看？」帥哥主持人就是想當眾讓黃渤出醜，但是黃渤反問：「我相信這句話也一直激勵著你吧？」讓這個只有顏值沒有言值的主持人啞口無言。僅僅靠「顏值」並不能成為一個真正有魅力的人，而「言值」卻能突顯一個人的智慧和氣質，願我們都能成為這個時代的言值擔當！

北大才女王帆在《我是演說家》中的這段演講充分表達了在新時代應該大力宣導並頌揚「言值」，號召人們要有言值擔當的智慧和遠見，令人醍醐灌頂。

你身邊是不是也有這樣的事——某個女生不是很漂亮，但有很多優秀的男生都喜歡她，朋友同事也特別愛和她在一起，覺得跟她相處很舒服自在且愉悅。正如知名主持人蔡康永所說：「外表好不好看，絕對不是人生的決勝點。是否討人喜歡，還比較重要。」為了增強說服力，他還給出了這一結論的論據：

和你同住的室友，或者坐你隔壁的同事，就算長得很美，你也不見得心情會很好，但要是她很討人厭，你的心情一定很壞；如果你的室友或同事長得不美，但很好相處又討人喜歡，你的心情就會很好。大概只有大明星比較適合這樣的形象——非常美卻很討人厭，如果沒打算做大明星，那麼會因你的美麗而感到人生滿足之人，其實有限。反而是你的討人喜歡，可以造福身邊很多人。

在拼顏值的演藝圈，胖胖的賈玲絕對是一個神奇的存在。「國民老公」宋仲基說喜歡賈玲的酒窩。的確，酒窩是女神與男神的殺手鐧，許晴的酒窩裡就有蜜，但酒窩在賈玲的臉上不是蜜，而是笑。

賈玲是一個集高情商與「小心機」於一身的女漢子，沒有花容月貌，也不矯揉造作，但她太會說話了，讓人根本討厭不起來，何況沒人會討厭一個看著就想笑的人。不管是參加綜藝節目，還是接受採訪，抑或是出席朋友婚禮，她總會用自己那套特別的高情商說話方式吸粉無數，以下跟大家分享一則賈玲的故事：

三月三十日，包貝爾夫婦帶著一歲的女兒餃子在峇里島補辦婚禮，請來了許多明星好友助陣，徐崢更當了證婚人。不過，本來好好的一樁婚事，卻因伴郎團鬧伴娘一事，在網上激起了熱議。

在婚禮的搶親環節玩嗨了的伴郎們嬉鬧著要把伴娘柳岩抬起來扔到泳池裡！

第一次當伴娘的柳岩，一開始高興又緊張，還在微博上曬自拍詢問網友建議。沒想到，婚禮上卻突然被這樣戲弄，嚇得她花容失色、全程尖叫，大喊「救我啊……」柳岩當天穿的是淺色抹胸裙，拉扯中極易暴露，濕身後又易「春光乍洩」。別說女明星要保持形象，相信任何一個女孩子都不願在大庭廣眾之下走光出醜。

幸虧這個時候賈玲對柳岩出手相救！賈玲沖出來想推開伴郎，眼看無法推開，自己索性一屁股坐在柳岩身前，以防止她被推下去。如果事情到這就結束，還不足以體現賈玲的高情商。

賈玲這樣「英雄救美」，難免讓幾位嬉鬧的伴郎有點下不了臺，於是她接著機敏地說：「這件事很簡單，紅包就能解決。」於是掏出紅包塞給眼前幾位伴郎，瞬間緩解了尷尬，讓他們有了臺階下，現場氣氛也依舊熱鬧。

賈玲一句話就擊退了嬉鬧的人群，更是獲得各界一致讚賞。不少網友都說，若換作自己，看著女性朋友被這樣戲弄，很可能會控制不住對伴郎大罵——不過這樣做雖然保護了自己的朋友，但卻會破壞婚禮現場的熱鬧氣氛，而且跟被罵的幾位伴郎大概也會「友誼破裂」。可賈玲一句笑語，不僅維護了柳岩，而且還顧及了大家的情面——拿紅包給伴郎，給他們臺階下，非但講義氣且情商高，不得不說做得真好。

最近大家都在說「友誼的小船說翻就翻」，到底是什麼意思？友誼是一種很玄的東西，它可以經得起誘惑仍堅韌不破，但也會因為雞毛蒜皮之事說斷就斷。高情商的人最懂怎麼維持友誼，他們心裡裝著別人，任何時候都能照顧到周圍每一個人，讓大家都舒服。但要強調一點，**高情商絕不是時刻取悅別人，而是不隨便傷害他人，也不讓別人傷害自己。**

從現在開始「修煉」自己，做個高情商的人，讓友誼的小船穩穩地開向遠方吧！

修煉情緒智慧，從「打圓場」開始

常言道：「金無足赤，人無完人。」每個人都有遇到尷尬、出現失誤的時候，尤其是在人多的場合犯錯，面子上自然過不去。這時候，如果你能及時站出來替對方「打圓場」，巧妙地化險為夷、化拙為巧，保全其顏面，就能贏得對方好感，在人際交往中獲得良好效果。

打圓場的目的通常是調解糾紛、化解矛盾、避免尷尬、打破僵局。但打圓場是有技巧的，運用得好可以消除誤會、緩和尷尬氣氛，還有利於問題的解決；運用不好就是火上澆油，還會變成豬八戒照鏡子——裡外不是人。換句話說，善於打圓場的人，都是處世功底深厚的人，情商都不低。

著名主持人吳宗憲打圓場的技巧，可謂爐火純青，值得我們學習：

二〇一四年八月三日晚上，戶外真人秀《男神女神》節目中，四位美女選手秀了一段舞蹈，可能是因為緊張，有兩位出現了一些小失誤。看到她們局促不安的樣子，作為主持人的吳宗憲打起圓場：「雖然你們當中有人跳錯，但沒關係。要知道，方才失誤的那個動作，樣子是全世界最可愛的。卓別林說過一句話：『全世界最精彩的演出，就是出錯的那一次。』」選手們都被逗笑了。

在表演過程中出現失誤，選手們心裡肯定很不安，吳宗憲巧妙地借卓別林的一句名言安慰和開導她們：「出錯並不可怕，出錯的一次恰恰是獨一無二的、樣子是全世界最可愛的」。如此貼心體諒的話語，怎能不讓她們釋然！

無獨有偶，小米科技創始人雷軍在一次業內峰會的談話上，也讓我們看見他是如何高情商地為自己打圓場：

首屆世界互聯網大會「中外互聯網領袖高峰對話」上，雷軍說下了豪言壯語：「五到十年後，小米有機會成為世界第一智慧型手機公司。」美國蘋果公司副總裁布魯斯·塞維爾（Bruce Sewell）不屑一顧地說：「說起來總是容易的，但是做就不那麼簡單了。」機智的雷軍反應很快，接著說：「馬雲講過一句話：『夢想還是要有的，萬一實現了呢？』」引得臺下一片笑聲和掌聲。[1]

畢竟業內還有幾家實力不凡的公司在場，雷軍在他們面前有些過於自信地說出這句雄心勃勃而又具有挑戰意味的話，自然會招致某些與會者的不屑，而這時他以馬雲的一句關於夢想之名言為自己打圓場，讓話語中加上了幽默的韻味，削弱其中的挑戰意味，自然也就更容易讓人接受。

生活中的任何事情都有著「兩重性」，其中對與錯、利與弊是相對的。辯證地看待問題，得體地揚長避短，是打圓場的一大技巧，如同以下故事：

有個理髮師傅收了個徒弟，徒弟學藝半年後，某天正式上崗。他給第一位顧客理完髮，顧客照照鏡子說：「頭髮留得太長。」徒弟不語。師傅在一旁笑著解釋：「頭髮長使您顯得含蓄，這叫藏而不露，很符合您的身份。」顧客聽了，高興地離去。

徒弟給第二位顧客理完髮，顧客照照鏡子說：「頭髮剪得太短。」徒弟不語。師傅笑著解釋：「頭髮短使您顯得精神、樸實、厚道，讓人感到親切。」顧客聽了，欣喜而去。

徒弟給第三位顧客理完髮，顧客邊交錢邊嘟囔：「剪個頭花這麼長的時間。」徒弟無語。師傅馬上笑著解釋：「為『首腦』多花點時間很有必要。您沒聽說：『進門蒼頭秀士，出門白面書生！』」顧客聽了，大笑而去。

徒弟給第四位顧客理完髮，顧客邊付錢邊埋怨：「時間太短了，二十分鐘就剪完了。」徒弟心中慌張，不知所措。師傅馬上笑著搶答：「如今，時間就是金錢，『頂上功夫』速戰速決，為您贏得了時間，何樂而不為？」顧客聽了，歡笑告辭。[2]

故事中的這位師傅真是能說會道，他巧妙地利用人們愛聽「吉言」的心理，針對顧客不同的抱怨機智靈活地選用不同的幽默話語「打圓場」，引領對方換個視角去體會美妙之處，欣喜而去也是理所當然了。

不管是吳宗憲、雷軍，還是理髮師傅，他們絕對稱得上是高情商的典範，都能夠在任何情況下借助恰到好處的話語及時出面打圓場，淡化和消解矛盾，給自己和對方找臺階下，使氣氛由緊張轉為輕鬆、由尷尬變為自然。

打圓場是一種言語藝術。從今天開始進行訓練，讓你的口才更加出眾吧！

命令的話，誰都不愛聽

有些人慣於用「指導性言語」去教導、指正別人。他們不管自己懂不懂，也不論自己做得好不好，就習慣指導別人該怎麼做。雖然有時**「善意的指導」確實對他人有益，但動不動就以這種態度來指正對方，常會引來別人的反感。**

有位中學老師離職後，轉任保險公司業務員。由於當過老師，她在與同事、客戶說話時，常不自覺地說：「我這樣講，你懂不懂？」或「你能明白我的意思嗎？」後來，有個男同事對她說：「我們是妳的同事，不是妳的學生，拜託妳講話時，不要一直問我們『懂不懂』好不好？好像我們都很笨的樣子！」

可見**「指導性言語」用得不恰當，或用得太多，就會變成「批評」**，甚至是「找碴」。因為指導性言語通常帶有「上對下」的教訓口吻，有違平等交流的原則，會讓對方感到不快。不管是名流顯貴還是平民百姓，作為交談的雙方，都應該是平等的。

例如，比起「讓我做」這句話，我們大概更喜歡聽到「請給我一個機會」。初次見面時，因彼此都不是很瞭解，就有必要保持節制且有禮貌的態度。「讓我做」聽起來有些盛氣淩人，這是人們不喜歡的；而「請給我一個機會」就會比較婉轉，會讓人感到舒服。

關於維多利亞女王，有這樣一個故事：

維多利亞女王很晚才結束工作，當她走回臥房門前時，發現房門緊閉，於是抬手敲門。臥房內，她的丈夫阿爾伯特公爵問：「是誰？」

「快開門吧，除了維多利亞女王還能是誰。」她沒好氣地回答，但對方並沒有反應。維多利亞接著再敲，阿爾伯特公爵又問：「請再說一遍，你到底是誰？」

「維多利亞！」她依然高傲地回答，但對方還是沒動靜。她停了片刻，再次輕輕敲門。「誰呀？」阿爾伯特公爵又問。這回維多利亞輕聲應答：「我是你的妻子，給我開門好嗎，阿爾伯特？」接著，門開了。[3]

從這個故事中，我們可以看出，親切動人的聲音所達到的效果。想想你通常都說了些什麼話，是怎樣說的。是否總是自覺或不經意地用一些命令式的言語對別人說話？有沒有人曾叫你說話聲音放小點？請一定要多多注意自己的說話方式，它是塑造你整體形象的重要部分。

一字之差的情緒智慧

人的心理很奇妙，說話時，「我」和「我們」一字之差，給人的感覺完全不同。比如，在聽演講時，演講者說「我認為……」帶給我們的感受，遠不如他採用「我們……」的說法。前者讓人感覺像是你在自我表演，而後者就會有效縮短與他人之間的心理距離，更容易使人有參與感，產生團結意識，這在心理學上被稱為「**捲入效應**」。試想，把對方納入同一個戰壕，他當然會傾向於支持你！

小孩在玩耍時，經常會說「這是我的玩具」或「我要去遊樂園玩」等等，這是自我意識強烈的表現。在小孩子沒有雜念的單純世界裡，這麼講或許無關緊要，但在複雜、敏感、講究的成人世界裡，如果仍然不斷地說著「我」，就會給人高調、標榜自我的壞印象，人際關係也會因此受到影響。

《富比士》雜誌上一篇名為《良好人際關係的一劑藥方》的文章中，總結出與人交際時最不重要的一個字就是「我」。正如同福特二世在描述令人討厭的行為時說：「一個滿嘴是『我』、隨時隨地都以『我』出發的人，一定是個不受歡迎之人。」

在與人聊天時，他們總是對自己的工作、生活、經歷、想法等表現出濃厚的興趣，「我」在談話中永遠是用得最多的一個字，「我覺得……」、「我建議……」、「我買了……」等等，絲毫不顧及他人感受。他們總以為這種方式能最大程度地讓別人瞭解自己，且能交到朋友，殊不知已犯了說話的大忌。

蔡康永先生曾說過：「與人聊天時，每個人都想聊自己。」所以會說話的高情商者，在與人說話時，總是會有意識地避開容易讓人產生「大獨裁者」印象的「我」字，而多用「我們」來製造彼此間的共同意識。

有位心理學專家曾做過一項有趣的實驗，他讓同一個人分別扮演專制型、放任型與民主型三種不同角色的領導者，而後調查其他人對這三類領導者的觀感。

結果發現，採用民主型方式的領導者，他們的團結意識最為強烈。同時研究結果也指出，這些人使用「我們」這個詞的次數也最多。

說「我」跟「我們」的差別，其實就是能否讓聽者心裡高興。說「我們」，讓人聽得舒坦、心情愉悅，更樂意接受觀點或選擇合作，對自己有益無害；而若是說「我」，聽者心裡不高興，對自己也沒什麼好處。既然這樣，聰明人就應該**多說「我們」少說「我」**。

在一些表揚大會上，經常可以聽到這樣的發言：「我沒有做什麼，是同事們和我一起在工作崗位的第一線奮戰，尤其是我的主管，經常親臨現場檢查工作並提出諸多寶貴性的指導，為我們做出了榜樣。每一個人都在努力，功勞是大家的。所以，今天大家給我的榮譽，不能簡單地歸於某個人，這是屬於我們的榮譽。」

其實，這些話多半言不由衷，但是把「我」說成「我們」，既讓同事們聽著舒服，心裡認為：「這人夠老實，懂得有福大家享。」在團隊中樹立了威信；又沒有搶了主管風頭，主管心裡會覺得：「這小子，還算有點良心。」而當你得到主管的賞識，離晉升、加薪還遠嗎？

然而，是不是不能說「我」呢？當然不是，只要掌握運用分寸和使用技巧即可。當不可避免地要講到「我」時，你要做到語氣平淡，既不把「我」讀成重音，也不把語音拖長。同時，目光不要逼人，表情切莫眉飛色舞，神態不要得意揚揚，應把表述的重點放在對事件的客觀敘述上，而不是突出做事的「我」，以免使聽的人覺得你自認高人一等，認為你在吹噓自己。

關於說話當中細微之處能顯情商的例子還有很多，「國民勵志女作家」咪蒙老師總結如下——

- 說「謝謝」的時候，在「謝謝」後面加上「你」或對方名字，會比單說「謝謝」更能讓對方感受到你的誠意和友善。因為**「謝謝」是泛指，而「謝謝你」是特指**。
- 請人幫忙時在句尾加上「好嗎」，略顯強硬的命令語氣立馬就變成委婉許多的商量語氣，對方會覺得被尊重。尤其是對待世俗意義上比自己地位低的人，在交待對方做某事時，加上「可以嗎」、「你方便嗎」、「好嗎」，會顯得你更有教養！
- 跟剛認識的人約見面，比起問：「明天在哪兒見面啊？」換成「明天我們在哪兒見面啊？」，只是一個細節的更動，就能顯得更親切了。

只是多了一兩個字，或者換了一種說話方式，就能迅速拉近你和對方的關係，促進彼此之間的情感交流，讓對方願意聽你說話，這就是一個說話讓人舒服的高情商者的說話之道。

社交高手的「獨門祕笈」

繼智商、情商測驗後不久，美國著名心理學家愛德華・桑代克（Edward Lee Thorndike）在《哈潑斯雜誌》（Harper's Magazine）的一篇文章中首次提出了「社交商」的概念。他曾經給社交商下過這樣的定義：「如何識別、管理他人情緒，並且同他人和諧相處的能力，是組成情商的重要部分。」桑代克發現，社交商對於許多領域的成功都是必不可少的，特別是一個成功的領導者更需要具備高明的社交商。

工廠裡技術最高超的工人曾經寫道：「如果缺乏社交商，也做不好工頭。」曾經有人說：「能夠管理他人情緒，即是高情商之人」。所謂管理別人情緒，是指在準確識別他人情緒的基礎上，用自己的情商影響對方的能力。能夠做到這一點的人，必然能在社交場合如魚得水。

「情商之父」丹尼爾・戈爾曼（Daniel Goleman）曾講過一個「社交商」的典型案例：

一個胖胖的小男孩站在足球場邊，他身邊是兩個高大的男孩，一看就是個運動健將。此刻，兩個大男孩正嘲笑小男孩：「小胖子，難道你也想踢足球嗎？你覺得你能踢足球嗎？」

這是一種非常明顯的侮辱與挑釁，一般情況下，這個年紀的男孩在聽到這種侮辱後很少有不打起來的。胖胖的小男孩當然也很生氣，但是一瞬間他就控制住憤怒，只是閉上眼睛，做了個深呼吸，然後轉過身去，用平靜的語調說：「是的，儘管我足球踢得並不好，我還是要試試。」

停頓了一下，他補充說：「但是我的美術棒極了，不管看到什麼，我都能把它畫得維妙維肖。」然後，他指著挑釁的那個男孩，對他說：「至於你，你的球技真的很高超！我也希望有一天能像你一樣，但就是做不到。我想，透過不斷練習我總能提升一點點的。」這番話一說完，挑釁的高個子男孩立刻收起了輕蔑的態度，甚至變得友好起來，說道：「其實你的球技也沒有那麼差勁，如果你願意的話我倒可以教你幾招。」

在這個世界上，恃強淩弱的現象經常發生，在學校裡的以大欺小就是預演。如遇這類事情，低情商的表現是以牙還牙，高情商則是控制影響。而故事中那個胖胖小男孩的情商的確很高，他是怎麼辦到的呢？

首先，控制自己——小男孩有效地克制住了自己的憤怒情緒（對於他這個年紀的孩子來說，實在不容易）；而在這之前，他已經有效地識別出了大男孩的情緒：只要他們一起爭執，大男孩會毫不猶豫地揍他。

其次，影響他人——小男孩接下來用自己平靜的語調和不亢不卑的言語化解了大男孩的輕蔑和挑釁的情緒，轉向了友好和尊重，體現出卓越的社交智慧。

就在這一剎那間，小男孩用自己的「社交商」解決了衝突，把一個眼看就要爆發的「爭鬥」關係轉變成了良好的合作關係。看來，不單是企業爭端、國際爭端需要社交商，連小小的人際爭端也離不開社交商。

「**智商決定是否錄用，情商決定能否晉升，社交商決定是否成功。**」美國著名人際關係學大師戴爾．卡內基在其著作《人性的弱點》中提到，約翰．洛克菲勒（John Davison Rockefeller）在他事業鼎盛的時候，曾經說過：「應付人的能力，也是一種可以購買的商品，就像糖和咖啡一樣。我願意對那種能力付出酬勞，它的代價要比世界上任何東西都高。」

與社交能力差、性格孤僻的高智商者相比，那些能夠敏銳地瞭解他人情緒、善於控制自己情緒的人，更能找到自己想要的工作，也更會受人歡迎，為自己的成功積累重要人脈。情商為人們開闢了一條事業成功的新途徑，它使人擺脫了過去只講智商所造成的無可奈何的宿命論態度。

我們人生中有很多不愉快的事情，只要你具備了情商，就可以把戰爭轉化為和平、痛苦化為快樂。反之，如果我們不快樂，惡劣的情緒會像流感一樣，造成大面積的人際關係感染。

敏感話題不閃躲，「接話引申」最高招

當對方提出的問題使你無法回避，又不好正面回答時，不妨順水推舟接著他的話往其他方面延伸，給予間接回應。「接話引申法」需要說話者具備豐富的想像力和超棒的口才，使間接回答的話語出乎對方意料。可以說，「接話引申法」是應付敏感問題的有效方法——既回應了對方的問題，又顯現出自己的氣度和心胸。請看「臺灣第一美女」林志玲是如何妙用接話引申法的吧！

林志玲能穩坐臺灣美女的頭把交椅多年，與其高情商密不可分。可能很多女生不太喜歡林志玲，因為她擁有天下女人所羨慕的美貌、甜美的娃娃音以及超好的異性緣，實在是想不讓人嫉妒都難。但是，就算擁有這麼多優勢，林志玲為人依然很謙虛、不做作。在某真人秀節目裡，表現幾乎無差評。她錄節目不擺架子、不矯情，不會因為錄製環境

差就向節目組抱怨，反而會主動幫助別人。她參加發布會穿平底鞋，以配合其他女星身高；別人跟她握手，她會主動屈膝跟對方儘量保持平視……。

二○一四年七月，林志玲在哈爾濱出席活動時，現場有記者屢屢追問她的感情歸屬問題：「即將邁入四十歲的門檻了，『女神』為何還沒找到『白馬王子』？網友都說妳是『黃金剩鬥士』，對此妳怎麼看？」這個問題本來會弄得林志玲一臉尷尬和羞澀，但是沒想到，她隨即莞爾一笑，「解讀」道：「不錯啊，『黃金』很好嘛，意味著我還在黃金時期，希望在黃金時期有一段黃金愛情。『鬥士』我理解為自己仍擁有對生命和夢想的追求。我也不是『女神』，其實就是一般的女孩子。可是大家給我這個封號，我會更有使命感去做好許多事情。」一席話博得眾人一片笑聲和掌聲。

林志玲面對記者「大齡剩女」的戲謔和調侃，心裡肯定有些不爽，但她仍以淡定從容的姿態，運用引申法機智應對。對於「黃金剩鬥士」的稱號，她不僅樂意笑納，且賦予了全新的含義，讓對方不得不拍手叫好。這種間接岔題作答，不但能恰到好處地制止刁難，回擊對方的挑釁，而且還使答話的言語充滿情趣和魅力。

大家都說志玲姐姐美，但是美麗是林志玲最不起眼的一個優點，高情商、會說話才是她最大的亮點啊！

曾經有個記者問林志玲：「孫紅雷以前說過，不會和妳這樣的花瓶演戲，現在卻還是和妳合作了，有什麼感想？」志玲姐姐馬上回答：「我只會相信紅雷大哥親口對我說的，我沒聽說過的，我不會相信。再說，如果雷哥真的有說過這樣的話，他現在與我合作，不就是最好的證明嗎？說明我的努力是有回報的。其實花瓶也是讚美啦，起碼肯定了我還是有外貌的。」

對比一下那些被冠以「花瓶」，動不動就黑臉的女星來說，志玲姐姐以這樣溫柔、平和又自嘲的方式回應了最頭疼的問題，真是高情商的大神啊！

身為女明星能夠巧妙地應對記者的犀利提問，大概是走好星途的第一步吧。既能夠回答問題，又能把對方的嘴堵上，不讓他在私人問題上糾纏下去，確實需要高情商來作支撐，隨機應變，保護自己。

二〇一五六月十三日，周冬雨在上海電影節上出席新片《冰河追凶》發布會。由於此前周冬雨與男友度假時忘拉窗簾遭狗仔偷拍，所以現場周冬雨被提問最多的是「窗簾門」問題，一時好不尷尬，只聽周冬雨機智回應：「沒想到大家這麼關心一個窗簾的事，我都想開一家窗簾廠了，請記者朋友們來代言。」引起臺下一陣笑聲和掌聲。[4]

在公眾場合，對於某些私人資訊，你並不想公開但有人偏偏要打聽，這時候斷然拒絕回答會顯得你不會聊天，也會讓對方陷入尷尬。你可以學學上面兩位明星的機智應對技巧，通過曲解引申、幽默表達，將對方的問題引到無關話題，然後順著新話題越聊越遠，就無須正面回答令你尷尬的問題了。這樣做既保護了自己的隱私，又不會讓對方下不了臺，還不會破壞現場氣氛，一舉多得，何樂而不為呢？

帶給別人「高情緒價值」

有一對夫妻，老婆明晚要去參加公司聚會，因為吃完飯還要去KTV唱歌，所以不能帶孩子，而且要很晚才能到家。她對老公說：「老公，你明晚能搞得定嗎？」

老公回：「妳不用管那麼多，我搞定就行了。」

老婆立刻不高興了，老公也馬上意識到自己的話有問題。他明明是想表達：「老婆，妳儘管放心去吧，好好玩，孩子吃喝睡覺什麼的我都可以搞定。」多麼有擔當的老公，卻被老婆誤解了，是否很委屈呢？

其實，一點也不委屈。因為他明明可以好好說話，讓對方的興奮度和期望值更高一點，卻給對方澆了一盆冷水，讓對方的興致全無。如果老公換一種表達方式：「老婆，難得一次聚會，要好好放鬆放鬆，多拍些照片回來。家裡有我這奶爸呢，能把孩子照顧妥當的。」我想這樣雙方都會很愉悅的。

透過這個小小的生活場景，大家會發現兩個人在溝通時，說話方式和情緒完全可以影響到對方。這讓我想到了最近在網上新學到的、有不少商界大咖在演講中都提到的一個詞——**情緒價值**。

簡單來說，**情緒價值就是一個人影響他人情緒的能力**。一個人越能給其他人帶來舒服、愉悅和幸福的情緒，他的情緒價值就越高；總讓別人產生彆扭、生氣和難堪的情緒，情緒價值就低。

高情緒價值是一種人格魅力，人們都喜歡跟積極向上、充滿正能量且能讓自己感到愉悅的人交往。相反，那些天天抱怨、動不動就「抓狂」，有著滿滿負能量的人情緒價值太低，人們總是能躲多遠就躲多遠，與他們在一起時感覺自己都跟著不好了。

現如今，一點小事就生氣、一言不合就發飆、情緒無常的人不在少數。最近熱播的

《歡樂頌》裡備受爭議的曲筱綃，就是情緒價值太低的人，她有話不會好好說，總是莫名其妙地讓身邊人心情不愉快。所以，不想友情的小船說翻就翻，更不想愛情的巨輪說沉就沉，就向下文中的安迪學習，努力提高自己的「情緒價值」。

安迪的男朋友是一個很懶的人，就算屋子已經亂到沒有放腳的地方，也絕對不會收拾。朋友們提意見，他還會不耐煩地回：「能不能好好聊天了！我不是住得好好的？」在幾次溝通無效後，安迪換了一種策略。

男朋友每次做了一點點家務，她都會注意到，並且立刻給予讚美，比如：「你太厲害了，碗比我洗得乾淨多了。」、「多虧有你，不然我都注意不到桌子髒了。」、「你太有天賦了吧，第一次煲湯就這麼棒。」慢慢地，安迪的男朋友已經較能主動地分擔部分家務了。她的目標是把男朋友培養成家務小能手，這樣她就可以坐享其成。

其實，不管男人還是女人，大部分都吃軟不吃硬，都是「順毛驢」——你說他好，他會變得更好；你說他不好，他會變得更不好。提供良好的情緒價值就像順著毛驢的性子，再跟它說點話、餵點草，大部分驢都會乖乖的，讓它往東絕不往西。聰明的人一定懂得四兩撥千斤的道理，說幾句漂亮話就能解決的事情，為什麼不做呢？

安迪就深諳此理，所以她並沒有像朋友們那樣直截了當地提出屋子太亂需要收拾，招致男朋友的反感，而是透過讚美、鼓勵提高了他對「做家務」這件事的愉悅感，進而促使他的行為有所改變。可以說，透過向別人提供高情緒價值，最終受益的其實是我們自己。

稱呼錯了，再精彩的話也說不出口

說話做事，首先涉及的問題就是如何稱呼別人。有禮貌地稱呼別人，是讓說話辦事順利進行的第一步。如果稱呼不當，輕則造成尷尬，重則引起別人反感和憤怒，導致交流不順甚至中斷。懂得恰當地稱呼別人，才會讓人喜歡，說話做事也會更加順利。

王女士平時很注意美容保養，可畢竟歲月不饒人，這兩年臉上的皺紋越來越多，還長了不少老人斑。為此，王女士時常對著鏡子發愁，哀嘆自己青春不再。

某天，王女士去菜市場買菜，一位年輕小姐熱情地招呼：「阿姨，我們家的菜可新鮮了，看看您需要點什麼？」沒想到王女士的臉色突然變了，沒搭理那個小姐，徑直走了。這位小姐感到納悶，不明白怎麼回事。旁邊的人悄悄對她說：「她不喜歡別人叫她『阿姨』，妳叫她『大姐』，她就對妳熱情了。」

原來，這位王女士最怕的就是別人提到她的年紀——雖然年紀大了，卻不喜歡別人叫她「阿姨」。賣菜的小姐不小心觸到了她的痛處，她家的菜自然推銷不出去。可見，恰當地稱呼別人也是一門藝術。

會說話的高情商者在稱呼別人時總是謹慎小心，會綜合考量對方年齡、身份等多種因素，這樣說話做事才不至於吃閉門羹。而要做到恰當地稱呼，須注意以下幾點——

• 對方的年齡

一般場合下，人們都會依據年齡來稱呼別人，這是最常用也是最方便的辦法，大部分的情況下都不會出錯。但是，俗話說：「逢人短命，遇貨添錢。」意即和別人聊天時，在不知道對方年齡的情況下，要將他的真實年齡往少說三、五歲；看見別人買了某樣東西時，要儘量往價高處說，明明值兩百元的說成三百元，這樣一來，既肯定了對方的購物眼光，也稱讚了他購買時少花了冤枉錢。實際上，這就是一種處世方式。

許多人都不喜歡別人稱呼他「老×」，尤其是女性，對年齡非常敏感，能叫「大姐」的就別喊「阿姨」，能喚「阿姨」的則別叫「奶奶」。

• 彼此的關係遠近

人與人之間的關係有遠有近，在稱呼的時候也應有所區別。明明是普通朋友卻用非常親昵的稱呼，難免讓人誤會，認為你故意套近乎；相反的，如果是比較親近的關係卻用了非常客套地稱呼，就會讓人感覺十分見外。

朋友之間，恰當地使用一些有趣的暱稱將有助於增進感情，但有的暱稱則不是所有人都能用的，只有家人或其他關係密切的人才能用，這種特定的暱稱也是表達親密關係的一種方式。

・對方的身份職業

不同身份職業的人有不同的說話習慣，在稱呼別人時要符合對方的習慣，才有助於溝通。例如，在農村遇到老大爺，倘若稱呼對方「老先生」，恐怕沒有人會知道你在叫他；而如果對有身份地位的年長男士稱呼「大叔」、「大爺」，恐怕他也不會願意跟你說話，應該配合其職業稱呼「王老師」等。

・當地的言語習慣

不同地區對於相同對象的稱呼可能不同，如果不多加留意，很可能會鬧出笑話。例如，一些地方把兒子的老婆稱為「媳婦」；而有的地方則稱為「兒媳婦」，「媳婦」則專指自己的老婆，一字之差就意味著不同的家庭關係。再者，中國人經常把配偶稱為「愛人」，但在外國人的意識裡，「愛人」則是「第三者」的意思。

想要成為人見人愛的可人兒，在說話做事時就一定要注意恰當地稱呼別人，這樣才能樹立一個懂禮、嘴甜的好形象，贏得別人的好感，使得交流能夠順利進行。

愛就是「我願意聽你說」

《福星》雜誌曾刊出了一篇對公司員工的妻子所做的調查報告，他們引述一位心理學家的話：「一個男人的妻子所能做的一件最重要的事情，就是讓先生將辦公室裡無法發洩的苦惱都說給她聽。」能夠盡到這個職責的妻子，被賦予了「安定劑」、「防哭牆」、「共鳴器」和「加油站」等稱號。這個調查報告同時也指出，男人需要的是溫柔、主動的傾聽，而不是什麼勸告。但事實上，最常發生的情形卻往往是這樣：

丈夫回到家，上氣不接下氣地說：「老天！親愛的，今天真是個值得慶祝的日子！我被叫進董事會裡，彙報有關我所做的那份區域報告。他們還想聽我的，而且……」

「真的嗎？」妻子心不在焉地說著，一點也不用心的樣子。「那真好～親愛的，快來！吃點我剛做的醬牛肉吧！對了，我有沒有告訴過你，早上我找人來修排水管了，那人說有些地方應該換新的了，你吃過飯後去看一下好嗎？」

「當然好，寶貝。噢，就像我剛才說的，董事會聽取了我的建議。說真的，起初我真有一點緊張，但是我終於引起他們的注意了……」

妻子插話：「我常覺得他們不瞭解你、不重視你。哎，對了，你必須和兒子聊一聊他的學業問題，這學期他的成績實在糟糕透頂。他的班主任說，如果兒子肯用功的話，一定可以念得更好。對於他的學業問題，我現在真的無計可施了。」

到了這時候，丈夫才發覺他在這場爭奪發言權的戰爭中已經徹底失敗了。於是，只好無奈地把他的得意和醬牛肉一起吞到肚子裡，然後解決有關排水管和兒子教育的問題。

難道他的妻子真的如此自私，只在乎自己的問題嗎？當然不是，她和丈夫一樣，也想找個聽眾傾訴一番，只不過她把自己傾訴的時間搞錯了。其實，她只要耐心地聽完丈夫在董事會上出風頭的事，等他把自己興奮的情緒發洩完了以後，就可以跟丈夫大談家庭瑣事了。

任何一位身在職場的人都有這樣的感受：下班後，如果家裡有個人願意聽你談談這一天所發生的事情，不管是好事還是壞事，這會讓自己覺得不那麼孤單。因為在辦公室裡，常常沒有很多機會對事情表示意見——如果事情進展得特別順利，我們也不能開懷高歌；倘若碰到了困難，最好的同事也不願意聽你說那些麻煩事，他們自己已經有夠多的煩惱了。於是，當我們辛苦地工作了一整天回到家時，往往會有一種想一吐為快的迫切心情。

善於傾聽的伴侶能夠給另一半最大的安慰。高情商的妻子會在老公遇到生意上的煩心事時，以關切的態度認真聆聽丈夫訴說難處，而不是抱怨丈夫做事不謹慎、愛冒險或直接避而不談相關的問題。其實，丈夫跟妻子聊工作上的不順心時，並不是期望妻子能給他出謀劃策，而只是想找個人說一說內心壓力。如果妻子能用耳朵和心耐心傾聽，無疑是給丈夫最大的安慰和鼓勵。

高情商的丈夫在妻子被生活瑣事以及職場壓力弄得身心疲憊時，願意犧牲看球賽或無意義的應酬時間聽妻子吐苦水，那麼妻子便不會覺得沒人體諒，心中壓抑的情緒發洩出來後，心情自然會好很多，這樣就不會總是沒完沒了的抱怨，夫妻間的感情也會因此而變得更加深厚。

夫妻間的相處不是靠智商而是靠情商。即使你不會用甜言蜜語哄對方開心，耐心聽對方說話同樣能傳達情意，甚至是更貼心的一種方式。

初次見面，如何說好第一句話？

初次見面的第一句話，會給對方留下深刻印象。但有很多人過於靦腆，不知道該從何說起，於是談話總是冷場、交不到朋友，自己也很鬱悶。而與陌生人初次見面，我們應該如何打開對方的話匣子，使談話自然而然地進行下去呢？

與陌生人打交道，誰都會存有一定的戒心，這是初次交往的一種障礙。而初次交往的成敗，關鍵要看如何衝破這道障礙。相貌好看的人可以用外表吸引眾人目光，讓人願意主動攀談；但相貌平平的人就要想著如何說好第一句話來引起對方的興趣，讓雙方在說完第一句話之後都還有繼續聊下去的意願。

比如，在一個嚴冬的夜晚，你與一位陌生人見面，「今晚好冷」這句話自然會成為你們之間的開場白。這一句話雖然能引出一些話來，但也可能對彼此無關緊要。如此一來，想再進一步交談就很困難了。

但是，如果你說：「哦，今晚好冷！像我這種從小在南方長大的女生，儘管在這裡生活了幾年，但對這種天氣還是難以適應。」要是對方也是在南方長大的，就會引起共鳴，會接著你的話聊一些相關的事——比如，南方氣候潮濕而北方乾燥，如果對方也是女生還可以聊一下氣候對皮膚的影響等；倘若對方是在北方長大的，得知你是南方人，可能會出於好奇而對你的一些情況產生興趣，因而讓你說幾句有趣的方言，聊一下南方的美食等，就可以把交談引至深入。

如此能把自我介紹與談話巧妙地結合，不會令人覺得牽強、不自在，人們在不知不覺之中，就放鬆了剛開始的戒備心理，而產生了親切感，聊天自然就容易繼續下去了。

說第一句話的原則是：拉近距離，消除陌生感，常見的有這三種方式——

❶攀認式

赤壁之戰中，魯肅見諸葛亮的第一句話是：「我，子瑜友也。」子瑜，就是諸葛亮的哥哥諸葛瑾，他是魯肅的摯友。短短一句話就定下了魯肅跟諸葛亮之間的交情。其實，任何的兩個人，只要彼此留意，就不難發現雙方有著這種「親」、「友」關係。

例如，「你是××大學畢業生，我曾在那裡進修過兩年。說起來，我們還是校友呢！」、「您來自蘇州，我出生在無錫，兩地近在咫尺，今天得遇同鄉，令人欣慰！」

❷敬慕式

對初次見面者表示敬重、仰慕，這是熱情有禮的表現。用這種方式必須掌握分寸，要恰到好處，不能胡亂吹捧，不要說「久聞大名」、「如雷貫耳」之類過頭的話。表示敬慕的內容也應因時、因地、因人而異。例如，「您的大作我讀過多遍，受益匪淺。想不到今天竟能在這裡一睹作者風采！」、「桂林山水甲天下，我很高興能在這裡見到您這位著名的山水畫家！」

❸問候式

「您好」是向對方問候致意的常用語。如果能因對象、時間的不同而使用不一樣的問候語，效果則更好。對德高望重的長者，宜說「您老人家好」，以示敬意；對年齡比自己稍長幾歲的人可稱「王姐、李哥您好」，能顯得親切；對方是醫生、教師，則說「李醫生，您好」、「王老師，您好」，含有尊重之意；節日期間，說「〇〇節好」、「新年好」，給人祝賀之感；早晨說「您早」、「早上好」則比「您好」更得體。

總之，與陌生人第一次見面時，用心說好第一句話就可「秒殺」一片，迅速緩解緊張氣氛，拉近彼此距離，讓談話順利進行。

Chapter

2

情緒智慧是裡子，幽默是面子

情緒智慧告訴你該說什麼，幽默讓你說得更漂亮

幽默是最好的潤滑劑

幽默、輕鬆，表達了人征服憂愁的能力。布笑施歡，令人如沐春風、神清氣爽，困頓全消。在人的精神世界裡，幽默感著實是一種豐富的養分，是人際交往最好的潤滑劑。幽默對自我控制、自我調整有著極大的幫助。美國一所大學的研究已證明，在你幽默以對的時候，自我感覺會變得更好。接著，跟各位分享這個例子：

在非洲的一次首腦會議上，納爾遜．曼德拉（Nelson Rolihlahla Mandela）出席並領取了「卡馬勛章」。在接受勛章的時候，曼德拉發表了精彩的演說。在開場白中，他幽默地說：「這個講臺是為總統們設立的，我這位退休老人今天上臺講話，搶了總統的鏡頭，我們的總統姆貝基（Thabo Mbeki）一定不高興。」話音剛落，則笑聲四起。

在笑聲過後，曼德拉開始正式發言。講到一半，他把講稿的頁次弄亂了，不得不翻過來看。這本來是一件有些尷尬的事情，但他卻不以為然，一邊翻一邊脫口而出：「我把講稿的次序弄亂了，你們要原諒一個老人。不過，我知道在座的一位總統，在一次發言中也把講稿頁次弄亂了，而他卻不知道，照樣往下念。」這時，整個會場哄堂大笑。

結束演講前，他又說：「感謝你們把卡馬勛章授予我，我現在退休在家，如果哪一天沒有錢花了，我就把這個勛章拿到大街上去賣。我肯定在座的某一個人會出高價收購，他就是我們的總統姆貝基。」這時，姆貝基情不自禁地笑出聲來，接連拍手鼓掌，而會場裡也掌聲一片。

這就是幽默的魅力，它拉近了演講者和傾聽者之間的心理距離，打消了一位偉人的神祕感，顯示出曼德拉高超的智慧和人際溝通能力。

世間沒有青春的甘泉，也沒有不老的祕訣，八十歲高齡的曼德拉之所以能夠保持身體健康、精神矍鑠，在離開總統職位後依然能以和平大使的身份活躍於國際舞臺上，是因為他在豐富的人生閱歷中提煉出了大智慧，在苦難的折磨中咀嚼出了大幽默。

八十歲的曼德拉有著八歲孩子的童心，在會見拳王喬．路易斯（Joe Louis）的時候，他表示自己年輕時也是拳擊愛好者。於是，路易斯故意指著自己的下巴讓他打，他笑著做出拳擊的姿勢。於是旁邊的人問他：「假如您年輕時與路易斯在場上交鋒，您能取勝嗎？」他說：「我可不想年紀輕輕的就去送死。」

正是在這一串串毫不做作的幽默之中，曼德拉展現出了耀眼的人格魅力，他總是能吸引許多同事和戰友，包括他的親人。

一九七五年，身在獄中的曼德拉首次被允許與女兒津姬見面。曼德拉入獄時，女兒只有三歲，再見女兒已經是十五歲的大姑娘了。曼德拉特意穿上一件漂亮的新襯衣，他不想讓女兒覺得自己是一個衰弱的老人。他知道，對於女兒來說，自己是一個她並不真正瞭解的父親，而女兒一定會因此感到手足無措。

當女兒走進探視室時，他的第一句話就是：「妳看到我的衛兵了嗎？」然後指了指寸步不離的看守。女兒笑了，氣氛頓時輕鬆起來。[5]

曼德拉告訴女兒，他經常回憶起以前的情景，甚至提起某個星期天，女兒坐在他腿上，給女兒講故事。透過探視室的玻璃窗戶，曼德拉發現女兒眼中噙著淚花。

津姬後來描述了這次見面，特意強調了曼德拉性格中風趣幽默的一面：「正是父親的這種幽默，讓我這個以前並不瞭解他的女兒，和他一下子貼近了許多。」

二十多年的牢獄之苦，風刀霜劍的嚴酷相逼，曼德拉都以幽默來應對。幽默是人際交往的潤滑劑，是一個人高情商的表現，它可以使人笑著面對矛盾，輕鬆釋放尷尬。幽默是一種能機智地處理複雜問題的應變能力，它往往比單純的說教、訓斥或嘲弄使人開窮得多。

善於發現幽默的機會是一個人心胸豁達的表現。當人們寬容的時候，就會忽略其中的惡意和偏執，給自己輕鬆，同時也給別人寬容。**真正的優越感不是來自於爭執時占了上風，而是對別人的寬容**。有了這種輕鬆的豁達，幽默感自會產生。

幽默是一種健康向上的品質，幽默對你心理影響很大，它會使生活充滿情趣。有幽默的地方，氣氛就會更加活躍。誰都喜歡與談吐不俗、機智風趣者交往，而不愛跟抑鬱寡歡、孤僻離群的人接近。

幽默能化解矛盾，使人們融洽相處。生活中，人與人之間常會發生一些摩擦，有時甚至劍拔弩張，弄得不可收拾。而一個得體的幽默，往往能使雙方擺脫尷尬的境地。

幽默是人類獨有的特質，一個幽默的人能夠給朋友帶來很多歡樂，並且在人際交往中增加個人魅力，因而備受歡迎。有些人天生充滿了幽默細胞，但並不是說沒有這種天賦的人就只能一輩子刻板嚴肅，幽默感是可以透過訓練慢慢培養的，如同以下幾點——

• 積累幽默的素材

如果你不是個能即興幽默的人，不如大量看漫畫和笑話，從中體會幽默的感覺，久而久之便可自己製造幽默，至少也可運用看來的笑話。

- **仔細體會別人的幽默感，然後模仿一番**

保持愉快心情，敞開你的心胸，這是幽默感的「土壤」。這就好比讓陽光灑進屋子一樣，去接受各種人和事物，這些人事物會在你心中留下痕跡，成為幽默感的酵母。

- **與自己幽默**

幽默大部分都和人有關係，你可以和他人幽默，也可以和自己幽默，但前者不好把握，因此不如與自己幽默，一方面不得罪人，另一方面也可讓人瞭解你是個心胸廣大、易於相處的人。

「借題發揮」的幽默，對話中的彩蛋

借題發揮法，顧名思義就是借現場的人事物甚至對方的言語為題，加以發揮、闡述，詮釋出全新的思想，從而製造幽默。

德國科學家亞歷山大·洪保德（Alexander von Humboldt）訪問美國總統湯瑪士·傑佛遜（Thomas Jefferson）的時候，看見他書房裡的一張報紙，上面刊載了對他攻擊辱罵的言論。洪保德拿起那張報紙說：「為什麼讓這種誹謗言論在報上發表呢？這家膽大妄為的報社為什麼不查禁？或者對該報的編輯加以懲罰？」

「把報紙放進你的口袋裡吧，先生」傑佛遜笑嘻嘻地回：「萬一有人懷疑我們是否有新聞自由，你可以把這張報紙給他們看看，並且告訴他們你是在什麼地方找到它的。」

上面故事中傑佛遜接過對方的話題，把它與「新聞自由」連結起來，令人拍案叫絕。借題發揮常能讓人巧妙地達到自己的目的，尤其在某些場合，它比直言其事更顯得委婉曲折。在日常生活中，有些場合，有的話不宜直截了當地說，這時巧用借題發揮，會有意想不到的效果。我們就來看看著名主持人于美人是怎麼借題發揮的：

某次，電視台老闆要找我談有關酬勞的問題。當然，我的目標就是加薪，但不知道要如何開口。我很想鼓起勇氣直截了當地跟老闆說：「我要加薪！」但是我才剛進入電視圈不久，如果講得這麼直接，會不會太過分呢？

為了這次薪資談判，我掙扎了好多天，始終想不出該如何向老闆開口。到了談判那天，我的腦袋還是一片空白，怎麼辦呢？只好見招拆招！

薪資談判的那天下午，我與這位電視台老闆相約在某家五星級飯店的餐廳喝下午茶。我們聊了很多，但卻沒有半句話跟加薪有關。

眼看這場下午茶就要結束了，我的內心開始焦慮起來。正好這家餐廳裡有位漂亮的女服務生在為客人續杯，當她朝我走來，禮貌地問我：「于小姐，請問你要加茶還是加咖啡呢？」於是，我福至心靈地大聲對女服務生說：「可以加薪嗎？」老闆聽到我那委婉至極的真心話之後，大笑了許久。按照以往「大笑三分鐘，好事自然多」的經驗，我相信馬上就會有好事發生。果然，老闆笑完之後，立即同意給我加薪！

相信大家看完之後都會為于美人的聰慧莞爾一笑吧！是的，中國有句老話：「會說話，當錢花。」所以，我們不但要會「實幹」，還要會「說話」。會說話，就沒有你要不到的「糖」。有時候，借題發揮還能讓壞事變成好事，讓平淡生出幽默，接著看看以下故事：

譚月去一家中外合資公司應聘，一位負責接待的先生遞過名片，譚月神情緊張，匆匆一瞥，脫口而出：「滕野拓先生，您身為日本人，拋家別舍，來華創業，令人佩服。」那人微微一笑，說：「我姓滕，名野拓，道地的中國人。」

譚月頓時面紅耳赤，無地自容。幸好，她反應很快，短暫的沉默後，連忙誠懇地說：「對不起，您的名字讓我想起了魯迅先生的日本老師—藤野先生，他教給魯迅許多為人處世的道理，讓魯迅受益終身。今天我在這裡也學到了難忘的一課，那就是「凡事認真」，希望滕先生在以後的工作中能時常給予指教！」滕先生聽了譚月這一番解釋，不禁點頭微笑，譚月也如願以償獲得了自己想要的工作。

如果說錯了話，確實很難挽救，不妨借題發揮，有意地突顯錯處，借機大做文章，為自己的話找到能達到最佳效果的解釋。這種方法妙在一個「借」字，難在「發揮」上，借什麼樣的「題」、如何發揮，這就是關鍵所在。借題發揮得好，尷尬就會輕鬆散去。

譚月的錯話已經出口，在簡單致歉後，立刻聰明地轉移了話題，有意借著對方的名字加以發揮，巧妙地將話題引向了魯迅的老師「藤野先生」，既消除了她將對方誤當作日本人的尷尬，又語義雙關，誠懇地檢討自己不認真的態度，同時又不失時機地暗示了想在該公司服務的願望，真可謂「一語三得」。

臨場發揮很講藝術性，要發揮得出色又得體不容易，說的人得有高情商，能夠察言觀色，說應景的話，這樣才能達到錦上添花的效果。

也許有人會說：「沒辦法，我天生嘴笨、情商低。」如果你有此想法的話，就大錯特錯了。只要在這方面做個有心人，平時多累積經驗、多練習，不久的將來，你一定會妙語連珠，幽默詼諧。

吵架、冷戰了，如何打破僵局？

俗話說：「夫妻沒有隔夜仇，床頭吵床尾和。」夫妻唇齒相依，就免不了會唇齒相咬，因而夫妻之間發生爭吵，實屬正常。如果處理得好，爭吵會在平靜的生活中激起波瀾，爭吵過後，彼此會更加瞭解和體諒對方。但是，這種化解爭吵的藝術並非人人都能掌握。**有些架非吵不可，但吵過之後一定要試著去化解。**如果化解不了，至少也要把衝突降到最低。

有一對老夫妻吵架後，他們彼此都不再開口說話。過了幾天，太太忘了吵嘴的不愉快，想和先生說話，可先生就是不理她。後來，太太把家裡所有的抽屜、衣櫥裡到處亂翻，弄得先生忍無可忍，他問：「妳到底找什麼呀？」太太回：「謝天謝地～我總算找到你的聲音了。」先生噗哧一笑，兩人和好如初。

太太這一番舉動，著實令人佩服。透過這種巧妙的方式，她達到了重新和好的目的。很顯然地，在這種情況下，一般的「講道理」很難奏效，反倒是太太一句幽默的話語一掃丈夫心中的怒氣，讓兩人言歸於好。

還有那些在女人面前很「吃得開」的男人，不管長相如何，通常都有一套逗人發笑的本領。只要與這種人接觸，就可以立即感受到一股快樂的氣息，使人喜歡與他為友。一個整天板著面孔，不苟言笑的「老古板」，是絕對不會受到女孩子歡迎的。

不少情感心理學的研究學者認為，男人由於平時比女人話少，所以男人言語分量更會被女人注意。不少男人也正是利用幽默的手段填補了自己言語的匱乏，所以他們的魅力便永駐於人們對他們幽默的回味之中了。以下幾個情景，給各位參考——

〈情景❶〉

妻子：「每次我唱歌的時候，你為什麼總要到陽臺上去？」

丈夫：「我是想讓大家都知道，不是我在打妳。」

〈情景❷〉

亨利的妻子臨睡前總愛絮絮叨叨的令他十分不快。

一天夜裡，妻子又絮叨了一陣後，問亨利：「家裡的門窗都關上了嗎？」

亨利回答：「親愛的，除了妳的話匣子外，該關的都關了。」

〈情景❸〉

駕車外出途中，一對夫妻吵了一架，誰都不願意先開口說話。最後，丈夫指著遠處農莊中的一頭驢說：「妳和它有親屬關係嗎？」妻子答道：「是的，夫妻關係。」

〈情景❹〉

新婚之夜，新郎問：「親愛的～告訴我，在我之前，妳有過幾個男朋友？」新娘沉默。

「生氣了？」新郎問，過了片刻又問：「妳還在生氣？」

「沒有，我還在數呢！」新娘回答。

家庭中夫妻爭吵是普遍現象，在兩人因為一點小事爭得不可開交的時候，如果即興來一兩句幽默，往往會使形勢急轉，幽默的四兩撥千斤的作用就體現在這。[6]以上四則故事中的夫妻均運用幽默，恰到好處地表達了自己怨而不怒的情緒。丈夫用巧言抗議妻子的缺點、指責妻子的絮叨；妻子用夫妻關係回敬丈夫也是一頭驢，用數不完的情人來指責新郎的無端猜忌，但其幽默的答辯均不至於使對方惱羞成怒。這些幽默的話語聽上去自然動聽，又詼諧有趣，能把幽默運用得如此恰到好處的人情商絕對不低。

許多夫妻都有類似經驗，無謂的爭吵隨時會發生，一旦發生又會因憤怒而很快失去理智，直至鬧得不可開交，甚至拳腳相向。日常生活中，我們常看到這種情景：在公共場合彬彬有禮的謙謙男子或女士，在家人面前也會為小事而大動肝火。有時即使是恩愛夫妻也不可避免，雙方似乎都失去了理智，哪壺不開偏提哪壺，專揭對方痛處、短處來解氣，唇槍舌劍、互不相讓，直至冷靜下來，才發覺爭吵內容是那樣愚蠢、無聊。

殊不知忍一時風平浪靜，退一步海闊天空，多用幽默少動氣不是一樣也可占盡心理上的優勢嗎？一家之主的男人應該以幽默且廣闊胸懷包容妻子的一切不滿，這是上帝在亞當夏娃時代便定下的規矩。

夫妻朝夕相處，天天鍋碗瓢盆，始終相敬如賓反而是一種不正常的現象，有人戲稱為「冷暴力」。小吵小鬧有時反而會拉近夫妻間的距離，同時也使得內心的不滿得以宣洩，如果再佐之以幽默、機智的調侃，無疑會使夫妻雙方得到一次心靈的淨化，能保證家庭生活正常運行。

總之，在兩人世界裡，幽默可以發揮令人意想不到的效果，它能增進戀人之間的感情、調節氣氛、製造親切感，還可以消除疲勞和緊張感，使兩人都能輕鬆、快樂地面對生活。因此，吵架了試著來點兒小幽默緩和氣氛，做一對高情商夫妻，生活就會少一些煩惱，多一些甜蜜。

幽默是智慧的閃電，而非拙劣的搞笑

幽默不是靠搜腸刮肚地思考，像擠牙膏一樣擠出來的，而是自然而然地被你遇見，也可以說幽默的點一直在我們生活中，就看你能不能發現。

為什麼有的人看不到事情的幽默之處？為何有些人幽默起來比冷笑話還冷？這與每個人的修養有關。

幽默不是拙劣的搞笑，也不是粗鄙的段子，而是智慧的閃電，體現了一個人的思考力和情商——情商太低的人不懂幽默，也很難體會到別人的幽默。

娛樂圈中，男明星公認情商最高的，要算汪涵這一人。在臺上，他掌控全場，救場不是一次、兩次；在臺下，上至捷克總統、丹麥首相，下至手藝人、木匠師傅都是他的朋友。能做到這些，那情商還真不是一般的高！

某次，汪涵與陳丹青、梁文道、白岩松四個人一起參加圖書發布會。在這場活動中，一位來自湖南的記者說：「陳丹青老師好，梁文道老師好，我有一個問題想請問汪涵……。」

這位記者的提問讓在場的觀眾們大笑起來，就好像是在說：「兩尺長的龍蝦有嗎？好，給我來盤清炒土豆絲。」雖然漲了汪涵的人氣，卻使另外兩位老師有點被人「晃點」的難堪。這時，汪涵說：「看吧！這就是我們湖南人，多娛樂啊！」

汪涵的一句話，化解了現場的尷尬氣氛，也幫另外兩位老師解了圍。現場的觀眾不禁對汪涵的高情商很是讚嘆，覺得他會做人、做事，讓人覺得溫暖、窩心。情商、學識、臨場應變能力，汪涵都是個中翹楚，從普通工人到了今天這樣的汪涵，我們不得不給他按個讚！

汪涵在節目中曾訪問過一位修道教的嘉賓，這位嘉賓上臺後略顯緊張地自我介紹：「大家好，我的道號叫常洪。」汪涵緊接著讚美他：「長虹（常洪）彩電*，這道號好，這值錢！」臺下哄然大笑，嘉賓也在這笑聲中不知不覺地緩解了緊張的情緒，放鬆下來。

* 編註：長虹為中國著名電器公司，彩電則是彩色電視機的簡稱。

汪涵善於搞笑，而他對「搞笑」這個詞也有一番自己的理解。他在解釋「搞」字的時候這樣說過：「對於這個『搞』字，有人說我擅長搞笑，我一開始特別不能接受，但後來明白了會『搞』的人一定是個高手！我也就接受了。」其實，會「搞」的人情商一定很高。幽默是一種高情商的表現，具有幽默感的人到哪都受歡迎，幽默可以化解許多人際間的衝突或尷尬的情境，往往能發揮「使人怒氣難生，化干戈為玉帛」的神奇作用，如同以下故事：

某公司銷售部為公司簽訂了一筆大單，部門主管很高興，於是集體聚餐並且飯後一起去唱歌。在KTV，部屬們給主管點了他最拿手的一首歌，於是主管興致勃勃、「聲」情並茂地唱起來。

就在主管唱到歌曲高潮之處，正在點歌的小張一不小心點到了切歌，不知情的其他人，包括主管都朝小張那邊看過去。那一刻小張感到天都要塌下來了，不過幸好小張頭腦靈活，只見他假裝一臉疑惑地看著同事們淡定地說：「怎麼了，明明是原唱啊，我聽沒人唱我就切了。」

小張知道因為自己的一時手誤很可能引發主管對自己的不滿，然而關鍵時刻，他就地取材，將自己不小心切歌的行為順勢歸咎於「將主管的歌聲當成了原唱」，既為自己的失誤找到了恰當的理由，又恭維了主管的演唱水準，不得不說是一條妙計。

在人際交往中，很多時候會因一時失誤而觸犯對方，令自己處於尷尬的境地，使得眾人當場無言，或多或少會給自己的形象帶來負面影響，如果不及時彌補，將貽笑大方或使局面無法收拾。在這種情況下，想要擺脫尷尬，一方面是要具備臨危不亂的心理素質，另一方面則需具有高情商的說話技巧來為自己解圍。

幽默是自信的表現，也是善於處理人際關係的高情商表現。可以說哪裡有幽默，哪裡就有活躍的氣氛；何處有幽默，何處便有笑聲和成功的喜悅。

學會「自我解嘲」，笑對生活

有人說，說話的最高境界便是幽默，而幽默的最高境界則是自我解嘲。自嘲也就是網路上比較流行的一個詞——自黑。

與人交往時，你最擔心的是什麼呢？被別人諷刺貶低從而失了面子，相信沒有比這更糟糕的事了。但我們都不是神，有時說話做事難免會落下笑柄，讓不懷好意的人趁機對我們譏笑諷刺。其實，在這種情況下，我們大可不必生氣抓狂，不妨學一學娛樂圈裡那些長年累月被網友「黑」的明星們怎麼做——以自黑反擊他黑。

在眾多新生代女星中，楊冪可算是佼佼者。在無數影迷心中，她成了宅男女神，而在網上，楊冪也有不少爭議——「唱功爛」、「演技差」、「整容」等負面聲音不斷。不過，對於經常被黑，楊冪心態很好，並學會了用自黑來應對網友的嘲諷，很多網友紛紛因而表示：「從此路人轉粉」，楊冪儼然成了明星自黑逆襲成功的代表。

當初楊冪演唱〈愛的供養〉時，網友批她唱歌難聽，而且罵聲不斷，有高端黑*的網友站出來發聲：「你們不要黑楊冪了，我這條命都是她救回來的。因為一場慘烈的車禍，我昏迷了三個月之久。有一天，護士打開收音機，放著〈愛的供養〉，於是我爬起來把收音機關了。」沒想到楊冪自己接過話：「每一天，都希望自己過得有意義，比如沒事做的時候就想唱唱歌，救救人什麼的。」楊冪用自黑完美回應了他黑。

後來，她又因微博發文：「累了一天，腳有點兒臭」而被網友攻擊「臭腳」。在平安夜當晚，有網友發文調侃稱：「聖誕老人悄悄爬進楊冪的房間，拿出禮物，打開襪子，就沒有然後了。」對於該網友調侃楊冪腳臭熏暈聖誕老人，居然吸引了一大票粉絲爭相跟帖回應，更是紛紛燃起蠟燭為聖誕老人哀悼。

對此，身為微博控的楊冪居然也專程發文回應了網友們的調侃，她寫道：「聖誕老人，你還好嗎？」圈內好友任泉隨後則轉發其微博並回：「缺氧！」楊冪毫不示弱地回應：「愛的供氧。」一來一去的回應充分顯示了楊冪的自黑精神，身為當紅女星對網友們的調侃絲毫不在意，更是敢於在微博自黑，讓網友和粉絲們直呼太可愛。

自黑是一門藝術。什麼是自黑？字面上的意思就是自己黑自己。自黑得漂亮，對個人魅力絕對加分。女人臉皮薄，因此大多數女人都不願拿自己尋開心。其實，那些真正自信的女人是不在乎這些的，你可以說這是因為她們臉皮厚，但是臉皮厚也是需要樂觀豁達的心態。恰到好處的自黑不僅不會貶低自己，而且還會起到「黑到深處自然紅」的效果。再跟各位分享另一個例子：

吳宗憲出席某電視台四十周年台慶晚會時，他的髮型頗像「鳥窩」，顯得十分突兀。主持人戲謔地說：「憲哥好帥啊！鶴立雞群！」吳宗憲隨即用幽默的口吻回：「我以為今天是來參加運動會的。」引來臺下觀眾一陣笑聲。他進而自嘲：「自從我開了LED公司，我是上午當工人，下午當藝人，晚上不是人，每到夜晚就累得人不人鬼不鬼了。」

＊編註：看似讚美的言詞，其實含有嘲諷意味。

博得一片笑聲和掌聲。[7]

在臺上，吳宗憲因為奇異髮型遭到了主持人的調侃，他先是以幽默機智應對，說明自己原以為是「來參加運動會的」，給自己一身輕便打扮出席如此重要的場合找到了合情合理的理由。接著，他進一步自嘲「人不人鬼不鬼」，既為自己解了圍，又活躍了現場氣氛。

不得不說，自黑絕對是一種具有強大自信心的表現，**敢於自黑就不會再懼怕任何人對自己惡意或善意的抹黑**。當然，自黑本意也不是真的「黑」，而是在傳達一個態度。不過，自黑雖為取悅大眾，但也不能一味地將自己往死裡黑。否則，你會被一黑到底，結果就變成了「天然黑」。

最高的情緒智慧是「自有分寸」

開玩笑的人動機大多是好的。逗大家一樂，能夠活躍現場氣氛，特別是尷尬時刻，恰當的幽默更像一陣清風，能吹散凝滯不動的空氣。但是，玩笑開得不好，則會適得其反，造成彼此尷尬，影響感情。所以，開玩笑是一種藝術，「開」得好叫幽默，反之則稱作「情商感人」*。

小馬先天禿頭，從小到大沒少為此被人取笑。某天，大家在一起聊天，得知小馬的發明專利被批准了，心直口快的小莉脫口說：「你小子，真有你的！真是熱鬧的馬路不長草，聰明的腦袋不長毛。」一句話逗得其他人哄堂大笑，但本來就挺在意自己禿頭這件事的小馬聽後臉上一陣紅一陣白的。

真正得體的玩笑是需要高情商來把控分寸和尺度的，開一些沒分寸的玩笑，只會讓人覺得你嘴賤、情商低。小莉原本只是出於好心想誇讚小馬腦袋靈光，但因為一時口快剛好戳到了小馬的痛處，好心沒送出去，反而弄巧成拙，招致了對方的怨恨。

玩笑開得不好，對方心理就會不舒服。有些女生自認跟閨蜜情深似海，所以開起玩笑來毫無顧忌，想開什麼玩笑就開什麼玩笑。但是，一旦玩笑開過了頭，如果朋友願意包容，那是你的福氣；倘若朋友為此疏遠了你，那只能怪自己口無遮攔，不懂得為朋友考慮。

＊編註：意指情商太低。

幽默可使人放鬆心情，以愉快開朗之心去應付複雜人生。但是，講幽默笑話時，也須注意時機、場合和聽眾，因為不是所有的幽默笑話都適合在各種場合講給所有人聽。發揮你的幽默感時，必須看場合和對象，最好避免粗俗的幽默，否則就不是幽默，而是鬧笑話了。

幽默與刻薄常常因聽者的心情與立場不同而產生不同反應。幽默可使人歡笑，但若使用不當，也會使人不悅。因此，「幽默高手」在講笑語時，應顧及聽者的心情與尊嚴，避免過度的譏笑與嘲弄，否則自以為幽默的笑話，一不小心擦槍走火，反而會冒犯他人，得不償失。所以，西方哲人說：「**幽默是用來逗人發笑，而不是刺傷人心的。**」

跟上司開玩笑更得注意分寸。有些人喜歡玩黑色幽默，但事實上，沒有幾個人是真正喜歡黑色玩笑的，因為這裡面包含了太多的不尊敬和戲弄成分。跟上司開黑色玩笑，一不留神玩笑就會變成「冒犯」，如同以下這個故事：

高蝶非常聰明活潑，言辭犀利，還有豐富的幽默細胞。無論上學還是工作，她都是身邊人的「開心果」。儘管如此，她在一家公司已經工作三年了，仍然只是一名行政助理，到底是什麼原因使她無法晉升，她自己也不太明白。

有一天，高蝶向有著心理學專業的表哥提到了這個問題，表哥問她：「你平時有沒有在言辭上對上司不敬？」高蝶一愣，心想她平時除了愛開玩笑，沒其他毛病了，難道是她向上司開玩笑造成的？於是，高蝶想起了前幾天的幾個玩笑。

那天，上司穿了一身新衣服來上班，灰西裝、灰襯衫、灰褲子、灰領帶。同事都沒有說話，只有高蝶大聲喊著：「哎呀，穿新衣服了？」上司聽了咧嘴一笑，她接著做個鬼臉，捂著嘴笑著說：「哈哈，像隻灰老鼠哦！」

還有週五的時候，有個客戶來公司簽合同。當上司簽完字以後，對方連連稱讚上司字寫得好：「您的簽名可真氣派！」高蝶正好走進辦公室，聽到稱讚後，一陣壞笑：「能不氣派嗎？我們頭兒可暗地裡練了三個月呢！」當時她注意到上司和客戶的表情都很尷尬，不過她也沒有多想。現在仔細一想，好像問題就出在這裡。

開玩笑沒有分寸，大多是熱衷於挑刺的人，這類人往往被視為「刻薄」，而刻薄的人通常沒什麼人緣。拿黑色玩笑來說，其實黑色玩笑體現著一個人的人性弱點——面對一個人或一件事時會不自覺地挑刺，而這是一種思維習慣。同樣一句黑色玩笑話，也許你認為沒什麼，但上司可能會覺得很嚴重。正所謂「說者無心，聽者有意。」所以，平時不管跟誰開玩笑，我們都要有意識地多提醒自己注意分寸，話出口前要先想一想是否合適。

女人跟男人開玩笑時，倘若玩笑開得恰當會讓對方覺得妳俏皮可愛；但如果玩笑開得不當，觸犯了對方的隱私，或駁了對方的面子，他就會覺得妳傻、沒腦子。而女人跟女人開玩笑就更得小心了，開好了姐妹情深，開不好可能導致「友誼的小船說翻就翻」。因此，高情商的人在開玩笑時都懂得適可而止，掌握好分寸，做到得體含蓄，點到為止。

讓生氣的人「笑著熄火」

很多時候，人與人之間的隔閡在於溝通不到位。人們在充滿負面情緒、面對尷尬、有突發事情需要解決、受到刻意刁難時，總是會不由自主地拍桌而起或大發雷霆。其實，這樣的做法不但不利於解決問題，反而會使問題更加複雜化。

那麼，有沒有更好的方式既可以讓人們充分地表達自己，又有利於問題的解決呢？答案是——用幽默的方式表達自己的看法，好比以下故事：

一輛疾馳且擁擠的巴士突然急煞車，一名男士不慎撞在了一位女士身上，女士認為這位男士在揩她的油，鄙視地說：「你這什麼德性！」罵聲引來眾多好奇的目光，男士立即用幽默手段化解了尷尬。他是這樣說的：「對不起，小姐。但妳也說得不對，我撞了妳，這不是德性，是慣性！」全車乘客包括這位女士都忍俊不禁，於是因而釋然。

當對方出言不遜時，我們不一定要針鋒相對，用一句幽默而頗含深意的話以巧蓋強，既能讓對方意識到自己的態度不好，又可以巧妙地給予回擊，讓其不能發作又有苦難辯；當別人有意挑釁時，用幽默的方式合理回避，一場毫無意義的爭執便止於萌芽……。

有一次，林肯正在演講，一個青年遞給他一張紙條。林肯打開一看，上面只有兩個字：「笨蛋」。林肯臉上掠過一絲不快，但他很快地恢復平靜，笑著對大家說：「我收過許多匿名信，全都只有正文，不見寫信人的署名；而今天正好相反，剛才這位先生只寫上了自己的名字，卻忘了寫正文。」

幽默是一種言語表達方式，它融技巧性和輕鬆感於一體，讓人們在詼諧與歡笑中解決問題。據說，美國的男子寧願自己變成盲人或少一條腿，也不願意承認自己缺乏幽默感。雖然這種說法很無厘頭，但卻充分體現了幽默的重要性。[8] 如果人際交往是一門學科，我得承認風趣幽默的人必然得高分。

幽默感是組成情商的重要部分，幽默的言語往往給人詼諧的感覺，使人在笑意中有所領悟。幽默是緩解緊張、袪除畏懼、平息憤怒的最好方法。首先，你要運用情商和智商發現切入點，然後用幽默的話語加以包裝，如此便可打造出一件性能優良的滅火器，幫你把別人或自己胸中的大火滅掉。

一位可憐、嚴肅的省議員覺得受到了別人的侮辱，他怒氣衝天，迫不及待地想報復，但一時又找不到什麼方法。結果，他的行為舉止好像小學生一樣幼稚：小學生往往會去找老師告狀，要求老師懲罰他的敵人，這個議員則是去主席那裡申訴。

這位議員來到省議會主席卡爾文．柯立芝（John Calvin Coolidge）身邊，他相信柯立芝一定會替他當場主持公道的。但是，柯立芝卻以非常幽默的方式把這件事解決了，事情的緣由與解決方式如下：

當另一位議員在做一個冗長演講時，這位議員覺得對方占用時間太長，就走到對方跟前低聲說：「先生，你能不能快點……」話未說完，正在演講的議員便回過頭來，用嚴厲的口氣低聲呵斥：「你最好出去。」然後繼續演講。於是，這位受了委屈的議員走到柯立芝面前說：「柯立芝先生，你聽見那個傢伙剛剛對我說的話了嗎？」柯立芝不動聲色地答著：「聽見了，但我已經看過了相關的法律條文，你不必出去。」

這回答實在太聰明了。柯立芝把那位議員的憤怒當成了玩笑，而並沒有讓自己捲入這種兒童式爭吵的漩渦。如果柯立芝也採取較真的態度，那對大家又有什麼好處呢？無非是更加激化雙方的矛盾。由於採取了一種幽默的言語和寬容態度，柯立芝大大化解了這種傷感情的糾紛，從而制止了進一步的爭論。

能從白熱化的僵局中看出其中所包含的幽默成分，就可巧妙地避免麻煩和糾紛，學會這一點對於為人處世來說十分必要。因為在平時，經常會有閨蜜、親戚甚至同事跟你抱怨發生在他們身上的不愉快，這時如果你順著對方一起抱怨那些無聊的雞毛蒜皮之事，暫且不說對方向你吐完苦水後是否心情舒暢，你自己在無意識中接受了那麼多負面資訊，對你的情緒肯定有影響。因此，會用幽默話語巧妙地逗對方一笑，不僅自己不用聽那些沒完沒了的抱怨，也能讓對方坦然釋懷，豈不是兩全其美。

在上海浦東召開的一個活動現場，某位明星遲到二十多分鐘仍沒有任何消息，臺下觀眾很生氣。主持人董卿多次上臺解釋，但臺下的觀眾還是怒氣難平，很不耐煩地說：「董卿，妳唱一個吧。」聽了這話，董卿立刻非常幽默地回：「不行的，主持人是說得比唱得要好聽。如果今天我唱了，明天各大報紙會講董卿說不好，只能現場賣唱了。」臺下觀眾露出會心一笑。

作為一個有經驗的主持人，董卿發揮了她的幽默長項，用一句玩笑話穩住了觀眾的情緒，分散了他們的注意力，有效地消除了突發情況帶給觀眾的負面影響，平息了他們的怒氣。

無論是草根人物還是擁有雄才大略的偉人，難免會有動怒的時候，而一旦動怒，無論程度如何，都會讓人措手不及、陷入尷尬。如果不能及時、巧妙地化解，必將留下遺憾，在人際交往中留下不好的印象，甚至影響雙方感情。

作為一個普通人，即使你沒有專業主持人那麼能說會道和隨機應變，但也應該能冷靜處理問題，用幽默平息他人怒氣，讓對方反怒為笑。這不僅可以及時化解尷尬、減少人際交往中的不愉快，還能更好地維護雙方的友好關係。同時，在他人看來，你能用幽默平息對方怒氣，一定是個有智慧、能包容的高情商者，周圍的人也會非常願意和你成為朋友。

尷尬時，「幽自己一默」

「濃縮了的都是精華」，看過潘長江小品*的朋友一定對這句話不陌生。當潘長江在小品中因為個子矮成為笑點時，他便來了這麼一句自嘲式的調侃，而正是這樣的調侃，往往獲得觀眾最熱烈的掌聲。自嘲是一種精神，這種精神能使人有著更輕鬆的生活態度，不再患得患失、錙銖必較。

著名主持人楊瀾在一次採訪中說到自己的某次經歷。那次，她應邀去廣州天河體育中心主持第九屆大眾電視「金鷹獎」頒獎文藝晚會，而在一次報幕退場的時候由於燈光有些暗，她看不清面前的臺階，雖然已經很小心了，但還是被絆了一下，大概是穿旗袍和高跟鞋的緣故，身體瞬間失去平衡，「撲通」一聲，著實地摔了一跤，順著臺階滾了下去。這個洋相出得可不算小，全場頓時一陣驚呼，一片譁然。

在這令人極為尷尬的情形下，只見楊瀾不慌不忙地站起來，帶著她那招牌式的笑容對觀眾說：「真是『人有失足，馬有漏蹄』呀！我剛才的『獅子滾繡球』演得還不夠熟練吧！看來，這演出的臺階不那麼好下呢，但臺上的節目會很精彩的。」臺下頓時爆出熱烈的掌聲。

楊瀾此刻的自嘲真是恰到好處，雖然自己的失誤在觀眾面前出了洋相，但她並沒有

＊編註：潘長江為經常出現於春晚的演員，小品則指的是短篇喜劇。

在此刻計較形象，而是用自嘲的方式讓自己擺脫了窘境，這種大度的表現，恰恰也讓人看到了她的豁達和坦誠。

我們常常會遇到這樣的人，如害怕病魔般拒絕著自嘲，認為這會損害形象，與他們的生活目標相違背。其實恰恰相反，自嘲不是妄自菲薄，更不是自取其辱，適當的自嘲不僅能改變困境，更能體現出自信，它可以讓我們在身處困境的時候順利地找到臺階走下去。

一個敢於開自己玩笑的人才有資格開別人玩笑，如果在面對一些自身原因造成的缺陷時，遮遮掩掩反而欲蓋彌彰，只有大方地承認和面對，才越發地顯示出你的自信。比方說，你的個子不高，可以學潘長江那樣來一句「濃縮了的都是精華」。

六〇年代我國著名乒乓球運動員徐寅生曾在一次關於乒乓球且很有影響力的談話中，指著自己臉上的痣略帶調侃地說：「大家常說我打球時是『智多星』，其實我只不過是臉上多了幾顆痣而已。」這種把別人的讚揚和自己的缺點連結起來的做法，不禁讓人拍手叫好。正是這樣的自嘲，不僅沒有讓缺點在遮遮掩掩中被放大，反而呈現出一種以自信姿態去面對缺點的態度。

有時候，自嘲又可以把自己真實處境說出來，讓聽者更好地瞭解你的狀況。二戰歷史上就有這樣一個故事：

二戰期間，處於困境中的英國首相邱吉爾來到美國華盛頓會見羅斯福，請求美國給予英國物資援助，以便共同抵抗法西斯德國的「鐵蹄」。邱吉爾受到熱情的接待，被安排住進白宮。第二天早晨，邱吉爾躺在浴盆裡邊享受著溫水浴邊抽著他那特大號的雪茄時，門開了，進來的正是美國總統羅斯福。羅斯福看到邱吉爾那露出水面的肚子及微微發福的身體，覺得非常尷尬。

沒想到，邱吉爾扔掉菸頭，不慌不忙地說：「總統先生，我這個大英王國的首相在您面前，可是一點兒也沒有隱瞞。」兩人都笑了，似乎一切問題也都在這善意的笑聲中解決了。此後，談判進行得異常順利，英國從美國那裡得到了他們想要的援助。

說到這次談判的成功，應該得益於邱吉爾在浴缸中的那句自嘲。那句自嘲，不僅說出了他本人當下的窘境，也道出了當時英國在戰爭中捉襟見肘的處境。他這樣一句善意的自嘲，不僅化解了當時的尷尬，也讓美國總統瞭解了他內心的想法，之後的談判，自然變得更加容易。

敢於自嘲，才是真正瞭解自己缺點的人，也正說明了你的自信，一種敢把缺點展露出來的自信。只有這樣的人，才會在生活中更好地體現自己的價值。[9]

起了摩擦，怎麼化解？

大爭鬥都是從小摩擦開始的，小到人與人之間的打鬥，大到國家間的戰爭。比如，著名的宏都拉斯和薩爾瓦多的戰爭，就是由於足球迷的衝突而引起的。儘管這場富有戲劇性的戰爭僅僅持續了一百多個小時，但雙方總計死亡人數竟趨近四千人，經濟損失超過五千萬美元。兩國的武裝衝突也給周邊地區帶來了極大的影響，迫使中美洲共同市場陷入癱瘓，雙方的貿易完全中斷，邊境衝突不斷，航空飛行也斷了十年之久。

這或許聽起來很好笑，兩國之間的戰爭在旁人看來像是有著深仇大恨，不然不至於大動干戈。可是，這場戰爭只是開始於一群球迷的騷亂，的確讓人難以置信。

仔細想想，我們周圍的爭執和衝突，不都是從一些不起眼的小摩擦開始的嗎？往往就是這些小問題處理不當，才會造成更大的衝突。當這些小摩擦出現時，我們就應該認真對待，不要等到事情一發不可收拾的時候才魯莽地面對，尤其是當一些可能引發衝突的情況發生時，我們應立即採取機智的方法化解，防患未然。

在清代小石道人編寫的《嘻談錄》中有一則《恭喜也罷》的故事，也許看過之後能給我們很好的啟發：

有三個鄰居同住在一個院子裡，正巧住在左右兩側的人家都生了小孩，院子裡自然洋溢著喜慶的氣氛。

這日，住在中間的那戶人問左邊的鄰居：「你家生了什麼？」

左邊的鄰居回說：「生了兒子。」

這人說：「恭喜。」

接著他又問右邊的鄰居：「你家又是生了什麼呢？」

右邊的鄰居回說：「生了女兒。」

這人說：「也罷。」

右邊的鄰居聽到後臉上掛不住了，不開心地說：「人家生了兒子，你說『恭喜』，我家生了女兒，你卻說『也罷』，未免也太勢利了吧。」

這人自覺失言但一時也不知道怎麼彌補，對方此時已經怒不可遏了。正巧外面鑼鼓聲響起，原來是一個官太太從這裡經過，於是這人用手一指告訴鄰居：「你看那不是四個『恭喜』抬著一個『也罷』來了。」巧妙地化解了對方的怒氣。

正如這個故事所講，如果這個時候已經露出了衝突的苗頭卻還不及時化解，一場鄰里之間的矛盾不可避免。幸好這人聰明一轉，巧妙地化解了這場摩擦。

英國作家查爾斯·狄更斯（Charles Dickens）也遇到過類似的事情。有一天，他正在湖邊釣魚，這時一個陌生人走到他跟前問：「怎麼啦，你在釣魚？」

狄更斯毫不遲疑地回答：「是啊，今天運氣不好，釣了半天，一條魚也沒釣到，不像昨天，也是在這個湖邊，卻釣到了十五條魚！」

陌生人笑著問：「是嗎？那你知道我是誰嗎？你看看那邊的牌子。」狄更斯往他指的方向看去，一個牌子上寫著「禁止釣魚」。那人接著說：「我是專門取締釣魚的。」從口袋裡掏出一本罰單簿，要記下名字罰款。見此情景，狄更斯急中生智，連忙反問：「那麼，你知道我是誰嗎？」

那個人顯然不認識他，一臉疑惑，狄更斯也笑著說：「我是作家狄更斯，你不能罰我，因為虛構故事是我的職業。」

大多數人碰到這樣的情況，都會認為一場爭吵在所難免，遇到脾氣暴躁的，拳腳相向都有可能，而這個時候耍耍嘴皮子，讓拳頭歇一歇，何樂而不為呢？[10]

Chapter

3

真正的情緒智慧，不是虛偽，而是溫暖

把對方放在心上，「良言」不會變「惡語」

缺乏尊重的「直爽」是沒教養

我們周圍總有些人自詡為「直性子」，說話不經大腦，想到什麼說什麼。說話直白並沒有錯，但是有一個很重要的前提，就是要尊重別人，**打著「心直口快」的幌子而無所顧忌地傷害別人，那叫自私**。

低情商的人，說話做事不知道換位思考，有時是好心想幫助別人，但是**說出來的話帶刀帶刺，一片好心卻讓人覺得滿是「惡意」**。這時候被關心的人若是再為此表現出不滿，就會被指責為「狗咬呂洞賓，不識好人心」，搞得雙方都不開心。

一次聚會，寧寧抱怨在競爭激烈的公司存在感太低，同事當她打雜小妹，上司視她可有可無，升職加薪的空間十分有限，所以想趁著年輕，慢慢轉行做投資者關係管理。寧寧認為在金融行業發達的香港，這個工作門檻低、前景廣，做得好的話傭金也十分可觀，只要自己努力儲備人脈，不愁沒有出頭的那天。

大家的鼓勵之詞還沒有說出口，就聽到旁邊以業內人士自居的勝男突然拔尖了嗓子，開始絮絮叨叨發表意見：「投資者關係管理類的工作不適合妳啊，妳看妳性格內向，朋友少而且都不是金融圈的人，不像我，朋友都是搞金融的，一入職就可以帶關係甚至帶資金進公司。而且妳也做不來這麼專業的工作，妳學新聞的，平時也就寫寫新聞稿，我估計妳連財務報表都不會看吧。」

氣氛瞬間尷尬了起來，寧寧抽抽嘴角，低下頭看手機。這時候，有姐妹出來打圓場：「投資者關係管理不一定要看財務報表嘛，而且寧寧的人脈其實很廣，雖然目前金融圈的朋友不多，但是朋友介紹朋友，慢慢不就多了嘛。」

結果，勝男並沒有順著臺階下，反而開始補刀：「我說的是實話啊，她什麼都不會，與其讓寧寧接連碰壁，最後什麼事都做不好，還不如現在打消她的念頭呢，一般半路出家的都成不了事。」最後還不忘補上一句：「我這人說話直，妳別介意啊！」

寧寧聽後憤而離席，勝男見狀還一臉委屈地說：「我說這些是為她好，她幹嘛不領情走掉了。」其他姐妹聽完這句話後全都無語了，結果飯局不歡而散。

是寧寧玻璃心嗎？當然不是，勝男的這番「好意」任誰都覺得不像在提建議，倒像是在透過貶低寧寧來抬高自己。所以說，**情商高不只體現在能把難聽的話說得「動聽」，還包括把善意的話說得「能聽」**，像勝男這樣的「好意」誰敢領受呢？

其實，哪有什麼「說話直」，分明就是情商低。說一些毫無建設性的風涼話，不代表你就是一個真性情的人，它只說明你素質不高沒教養。

有些人說話前不考慮別人的感受，說完之後發現說錯話了就以「我說話直，你別介意」為藉口替自己開脫。試想一下，人家憑什麼不介意。你的「直爽」是讓你一吐為快了，但為什麼別人感覺不爽就得忍著。

說話是講究藝術的，你的「良言」一旦以錯誤的方式表達出來，甚至比「惡語」更讓人氣憤。這就好比是拿一團屎塞人嘴裡告訴人屎是臭的，你說誰願意接受？

所謂的「心直口快」都應該建立在互相尊重的基礎上，而不是由著自己的性子、情緒想說什麼就說什麼。沒有尊重的直來直去不是直白，而是沒教養。

說話時把對方放心上，時時刻刻考慮你說的話會不會給對方造成不必要的傷害，這份尊重雖然沒說出來，對方也會感覺到，因為你的話語裡有滿滿的溫暖。

安慰的話要加點「希望」

生活中，我們都會遇到這樣的情況：家人失業、好朋友失戀、同學考砸了等，他們的內心非常痛苦。作為家人、朋友、同學，你非常想幫忙，分擔他們的痛苦，就算行動上幫不了什麼忙，所謂「良言一句暖三冬」，言語上的安慰有時候也能讓他們心裡好受一些。

但問題是，你真的會安慰人嗎？在安慰朋友時，往往會遇到這樣的問題：我們確實能理解對方的心情，也懂他的難過，但想要表達安慰時，又不知道該說些什麼、要怎麼說。有時候，甚至會適得其反，反而讓對方覺得我們站著說話不腰疼。以下的錯誤方式，你是不是也犯過呢？

閨蜜來跟妳抱怨自己是剩女，嫁不出去。而以下即是幾種低情商的安慰方式——

- 「我很同情妳，是啊，一個人要是生病了都沒人照顧。哎……」再投以一個同情的眼神。

（對方心想：同情？呵呵，妳過得有多好啊，我需要的不是妳在這裡襯托我有多淒慘，不用在這裡雪上加霜！）

- 「不要抱怨了，抱怨是沒有用的，打起精神來，多參加相親活動吧……」

（對方心想：真冷漠，妳在怪我做的不對嗎？妳以為我不知道抱怨沒用嗎？妳以為我不想打起精神嗎！）

- 「對啊，妳說的我也怕怕的，要是到四十都嫁不出去，我覺得天都要塌了……。」

（對方心想：好吧，看來需要我反過來安慰妳了！）

那麼，高情商的安慰方式是怎麼樣的呢？還是上面這個話題，如果妳像下面這樣回覆，最終的安慰效果肯定不一樣：

嫁人不是人生的終極目的，人生應該是多種多樣的：有人遇到了合適的人，建立起美好家庭；有些人遇到了合適的人，兩個人卻永遠在享受談戀愛的過程；還有的人沒遇到自己合適的人，一直在尋找；也有人沒遇到自己合適的人，隨便找個人嫁掉。每個人都有自己的追求和需要，不能總是拿「剩女」這種可怕的名詞來恐嚇自己和他人。清楚自己的需要，不必學習別人或向他人交代，自己的人生跟自己交代清楚就好。

雖然妳的話並沒有給朋友提供實質性的解決方法，但是向對方傳遞了一種淡然於心、從容於表、優雅自在地生活的觀念，這樣就可以幫助對方以積極、樂觀的心態面對問題、生活，這不就達到安慰的目的了？

接著，各位再看看以下故事：

一個夏日的傍晚，一位少婦投河自盡，被正在河中划船的船夫夫婦救起。船夫的妻子關切地問：「妳年紀輕輕，為什麼要尋短見呢？」少婦哭得很傷心地說：「我才結婚一年，丈夫就拋棄了我，活著還有什麼意思呢？」

「那我問問妳，妳一年以前是怎麼過的呢？」船夫妻子問道。少婦回憶起自己一年前的美好時光，她眼前一亮：「那時我自由自在、無憂無慮，對生活充滿了希望。」

「那時妳有丈夫嗎？」船夫妻子又問。「當然沒有啦。」少婦答道。

船夫妻子說：「那麼妳不過是被命運之船送回到一年前，現在又自由自在、無憂無慮了，為什麼還要尋短見呢？」

少婦想了想說：「這倒是真的，我怎麼會和自己開了這麼大一個玩笑呢！」說完，她又重新充滿了希望。後來，少婦和船夫一家人成為了很好的朋友。11

人在悲傷的時候，總認為未來毫無希望，從而對生活喪失興趣。故事中的船夫妻子讓少婦回憶過去的美好生活，讓她明白生活中還是有很多讓人快樂的事情，重新點燃了她對生活的希望之火，鼓勵她積極樂觀地面對婚姻的變故。

有時候，再多的言語也比不上實際的行動。在朋友失意時，表示願意為其做一些力所能及的事情，比起那些「別難過」、「別擔心」的話更能讓對方感受到你的關心，這也是一種很窩心的安慰方式。

場面話的安慰，難有效果

遇到朋友失意時，我們總會說一句「塞翁失馬，焉知非福」。確實，任何事情都具有兩面性，有時候我們失望、難過，只是因為被迎面而來的打擊蒙蔽了雙眼、失去了面對挫折的勇氣，一味沉浸在痛苦之中不願自拔，因此也就看不到事情好的那一面。也可以說這是因為「當局者迷」，所以我們在安慰他人時就要以「旁觀者清」的理性思維幫失意者發現事情好的那面，一語點醒夢中人，讓對方在心理上得到慰藉和鼓勵，從而充滿信心地面對挫折。

前段時間，岳雲鵬因在大型明星戶外勵志體驗真人秀節目《了不起的挑戰》中表現不佳而被觀眾批評，岳雲鵬感到很委屈。於是，岳雲鵬打電話給師父郭德綱，想倒倒苦水，求點安慰。

電話通了，岳雲鵬直言不諱：「師父，最近有網友罵我，我心裡特別彆扭，心情低落，不知道怎麼調整心態和狀態。」郭德綱聽了，咯咯一笑，問他：「你給我說說有多少條罵你的？」岳雲鵬如實回答：「有幾萬條吧。」

不料，郭德綱不屑一顧地說：「才幾萬條啊，還差得遠呢。這個數不能讓我滿意，等幾十萬條的時候再來找我吧。」岳雲鵬不禁一愣，師父這話是什麼意思？不僅不安慰我，還幸災樂禍，希望有更多的網友來罵我。

正納悶時，郭德綱安慰道：「做藝人不挨罵就沒道理了。褒貶是買主、喝彩是閒人。好多人罵你也不是真罵，就是罵著玩。不同的人在不同位置對你有不一樣的看法。人參果再金貴，豬八戒嚼著也跟蘿蔔似的。看著徒兒你被罵，我很欣慰，說明你紅了。要是你不紅，哪有這麼多人知道你這個人，哪來那麼多觀眾罵你！希望你早點獨立、成長起來，為我們獻上更多笑點。」岳雲鵬聽後心裡暖暖的，也輕鬆、敞亮多了。

郭德綱對岳雲鵬的這番安慰話真可謂獨具匠心，他沒有直截了當地安慰對方說：「哪有藝人不被罵。」或者「不用把那些話放心上，做好自己就行了。」等等空泛的話，而是抓住藝人都希望得到更多人關注的心理，巧妙迂迴地安慰對方——被罵說明你的知名度高了，受到更多人關注。這既讓岳雲鵬懂得了「藝人挨罵是常態」的道理，有了「任爾東西南北風」*的積極樂觀精神，又令他感受到「紅了」的榮耀感和成就感。

＊編註：出自鄭燮《題竹石》。指的是即便處於艱困環境、遭受各種打擊，仍無所畏懼。

要想把安慰他人的話說到對方心裡去，並起到積極作用，很重要的一點就是，要**準確把握對方的受傷心理，用有針對性的安慰話語解開讓對方失落、難過的緣由**，讓失意者覺得沒必要再痛苦下去，這樣的安慰才是高情商的安慰。那些驢唇不對馬嘴的或放在任何情況下都適用的「萬金油」式的安慰話說了跟沒說一樣。

上大四的小孫戀愛三年了，前不久女朋友不知何故跟他分手了。小孫很傷心，整天精神恍惚。輔導員李老師知道此事後，特別找他談話。李老師一見面就說：「我知道你失戀了，我是特意來向你道賀的！」小孫很生氣，轉身要走。

「難道你不問問為什麼嗎？」小孫停下來，等著聽李老師的下文。李老師說：「大學生都希望自己快點成熟起來，而失敗能有效加速人的心理、思想進一步成熟，難道這不值得道賀嗎？大學生的戀愛大多屬於非婚姻型：一是大學生在學習期間不太可能結婚；二是很難預料兩人將來能否在同一個城市工作。隨著時間的積累，人慢慢成熟了，就有可能重新考慮對方，戀愛變局也就悄悄發生了。應該說，這是大學生心理成熟的一個重要指標。你這麼放任自己的感情，是心理成熟還是不成熟的表現呢？」

「另外，越是臨近畢業，大學生越傾向於用理智處理愛情。這時，感情是否穩定、性格是否相投，理想和追求能否一致，學習和工作是否互助互補都會成為擇偶標準，雙方家庭也會是重點考慮的條件，這就是擇偶標準的多元化。這種標準多元化更是大學生心理逐漸成熟的表現，也符合普遍規律。馬上就要畢業，未來還有很多事情需要你去做，你不能意志消沉，停下腳步，現在還不是你可以傷心難過的時候。老師對你的期許，你能明白嗎？」說到這裡，小孫的表情馬上由懊惱變得堅毅了。

李老師先設置懸念——「祝賀你失戀」，把小孫從感情的泥沼中拉了出來，然後透過合情合理的分析，藉由暢想未來、鼓舞鬥志，喚醒他的理性思考，多次用「大學生失戀不一定是壞事，而是心理成熟指標」的觀點來加以點撥，將對方的關注點由眼下的痛苦轉移到將來要做的事情、未來的美好上，從而點燃他的鬥志。

安慰的話怎麼說才算是高情商的表現，關鍵是要能夠站在旁觀者角度看待對方的「失敗」，然後從中找到對於他來說「成功」的地方，並以此點醒他，這樣就能喚醒失意者勇敢面對挫折的意識，然後慢慢從困境中走出來。

說點你的悲慘事，讓對方治癒一下

人在傷心難過時會有這樣的心理：如果發現有人曾經遭遇過比發生在自己身上的事

還要慘的狀況，心情就會輕鬆一點。這個就是比誰慘嘛，大家都會。因為人們會想，比自己的情況還糟的人都能勇敢地面對問題，走出困境，那自己也可以——這也是一種安慰方法，用親身經歷告訴對方，一切都會過去的。

但是，使用這種方法前你必須確定對方是來找安慰，還是來傾訴的。如果對方只是來傾訴的，你負責認真傾聽就好，讓對方說，不要打斷他，把自己的情緒調到和他共振的模式，添油加醋地附和兩句就好。否則就算你把自己說得再慘，對方也聽不進去。如果對方是來尋求慰藉的，則要考慮他的心理需求，確定對方情緒穩定，願意聽你說，這樣才能真正起到安慰的作用。

小羅畢業之後進入一家公司，很喜歡行政部女同事小恬。因為是職場新人，所以小羅經常就工作上的問題請教小恬，兩人慢慢熟絡起來，小恬還經常做便當給小羅。公司其他同事都知道小恬跟老家一個很有錢的男生關係曖昧，勸小羅一定要小心。

但俗話說「當局者迷」，對於同事們的好意提醒，小羅卻不以為然，說小恬已經告訴他了，她跟那個男生只是一般的朋友關係。雖然初入職場沒有積蓄，家境也不富裕，但是小羅的能力突出深得老闆信任，前途可以說是一片大好，所以他很有自信能夠給小恬幸福。

這種狀態維持了半年。突然有一天晚上，小羅垂頭喪氣地回到公司宿舍，什麼也不說就躺到床上，整晚輾轉反側睡不著。第二天一大早，幾位同事問他怎麼回事，小羅傷心地說小恬昨晚約他出去，說從來沒喜歡過他，她已經有男朋友了。

同事們聽後七嘴八舌地教訓小羅，說他早就應該聽大家的勸，弄到今天是活該。只有小王默默地聽著沒說什麼。

過了兩天，小王看小羅的情緒一直很消沉，工作勁頭大不如前，於是午飯的時候他把小羅約到一家餐廳，點了兩瓶啤酒，一邊吃一邊聊。

小王先開口了，但他沒有說安慰小羅的話，而是先講了自己之前的一段感情經歷。小王和當時的女朋友是青梅竹馬，大學填志願時，小王為了能跟女朋友離得近點，本來可以去重點大學的，卻選了和女朋友同在一個城市的二本院校*。而大學畢業後由於各種原因，兩人沒能在同一個城市工作，但小王隔三差五就去女朋友工作的城市看她。

然而，天不遂人願，工作半年後，小王女朋友跟自己的上司好上了，於是跟小王提分手。儘管小王盡一切努力想讓女朋友回心轉意，但都於事無補，小王說那一陣子自己

---

* 編註：本科第二批招生的學校，而重點大學的錄取成績優於二本院校。

甚至想過自殺。小羅靜靜地聽小王講完，眼眶都紅了。

小王告訴小羅，感情的事不能強求，不屬於自己的終究會離開，而命中註定的那個人肯定會在某個地方等著你。小王跟現任女朋友已到了論及婚嫁的階段，感情特別好。所以他勸小羅，不要因為錯的人而放棄追求幸福的希望，應該打起精神繼續往前走，去跟自己命中的另一半相遇。

一頓飯吃完，小羅的心情好多了，決定不再消沉下去而是要更加努力工作，因為這樣才能給未來的她更好的生活。小羅和小王的哥們情誼也因為這次推心置腹的交談而更加深厚了。

能在合適的時機，跟失意的朋友聊一下自己曾經有過相似甚至更糟的經歷，給對方面對困難的勇氣，這樣真誠的安慰不僅可以撫慰對方受傷的心，而且還能使雙方的友誼更加堅固。

有的時候，**最好的安慰甚至不在於言辭，而是用行動表示我和你在一起**，就像以下故事中的男同學：

很多年前，有一位女孩子，剛剛失去了自己的至親。那是個冬天的夜晚，家裡進進出出都是幫著辦喪事的人，她獨自一人跑到後院，坐在一張條凳上，看著院子裡光禿禿的柿子樹發呆。

這時，一位平常和她很少說話的男同學走了進來，和她並排坐在條凳上。她以為他又要說那些安慰的話語，它們已經多到讓她感到厭倦，所以她沒有開口。那個男同學同樣沉默不語，兩個人就在冰冷的冬夜裡並排坐了很久。

最後，還是那位男同學打破了沉默，他指著面前的柿子樹說：「這柿子甜嗎？」她不知道為什麼，就順著這個話題開了口。於是，兩個人討論了半個小時的柿子，一直講到明年春天是否應該修枝嫁接之類的事情。然後，那個男同學起身道別，自始至終沒有說一句悼念和安慰的話。

二十多年後，每當那位女孩子回憶起那一幕，都覺得那是她有生以來得到的最溫暖安慰。

這世上很多事情並不在我們的掌控之中，不好的事發生了，比如親人因病去世，作為家屬的當事人肯定會非常痛苦，但卻無能為力。在這種情況下，任何安慰都起不了作用，我們能做的只有靜靜地陪著對方，感受他的悲傷、情緒，握住他的手、給他一個擁抱，讓對方知道無論發生什麼，他都不是一個人。

如何安慰別人是一門藝術，更是一門學問。如果你在安慰人這方面不是很擅長，那就多看看、學學別人怎麼做的吧。

得意時，說話留三分

英國著名社會人類學家凱特・福克斯（Kate Fox）在其著作《英國人的言行潛規則》（Watching The English）裡特別提到一條規則——如果想炫耀自己的成功，一定要附送你的糗事，以化解你的成功給別人帶來的尷尬，同時預防嫉妒。因為在你的聽眾裡可能有這樣的人：他們的努力並不比你少，但卻因為機運或其他原因而總是鬱鬱不得志。

所以，如果你一定要講「我終於拿到了這家國企的 offer」，那請加上「被呼來喚去的三個月實習經歷，真是用做牛做馬來形容也不為過」；倘若你一定要講「我家剛買了棟別墅」，那請加上「我這個土鱉給樓梯也上了蠟，搬進去第一天就摔了個狗吃屎」……自己得意時也不忘照顧他人的自尊心是一種難得的高情商處事方式，同時也體現著一個人良好的修養。

有一個女生剛調到人事局的那段日子裡，在同事中連一個朋友也沒有，她自己也搞不清楚是什麼原因。

後來，還是當了多年主管的老父親點醒了她，她這才意識到癥結到底在哪。原來，她認為自己春風得意，對自身機遇和才能滿意得不得了，幾乎每天都使勁地向同事們炫耀她在工作中的成績，但同事們聽了之後不僅很少有人願意分享她的得意，有些人還一臉不屑。

之後她換了一個方式。每當與同事閒聊時，她總是讓對方把自己的得意事說出來，並樂意與其分享，而且還常常會說一些自己的糗事來熱鬧一下氣氛。久而久之，她的同事們都成了她的好朋友。

你的得意之事能在演講時談，證明你卓越的才能；可以對你的員工談，享受他們欽羨的目光；也能對你的家人談，讓他們以你為榮、引以為豪。但是，切記不要對失意的人談，因為失意的人最脆弱，也最敏感，任何話都很容易觸發他們內心的失落感。你的每一句得意之言都會在對方心中形成鮮明的對比，你的談論在他聽來都充滿了嘲諷的味道，讓人自慚形穢。

如果你發現自己不小心在失意的人面前表現得過分得意，就要趕緊想辦法表示歉意並安慰對方，以免給對方造成更多的心理傷害。

某個週末，肯南約了幾個要好的朋友來家裡吃飯，主要目的是借著熱鬧的氣氛，讓一位目前正處於人生低潮的朋友心情好一些，希望他早點從低谷中走出來。

這位朋友在不久之前因經營不善，關閉了自己苦心經營多年的公司。他的妻子也因為不堪生活的重負，正與他談離婚。內外交迫，他實在是痛苦極了，對生活也失去了信心。

所有到場的朋友都很同情他的遭遇，也非常理解他現在的心情，因此大家都避免去談那些與事業有關的事。但是其中一位朋友張強剛賺了很大一筆錢，按捺不住內心的喜悅，幾杯酒下肚，就忍不住開始大談他各種引以為豪的搶單經過。張強那種得意的神情，連肯南看了都很不舒服。那位失意的朋友沉默不言，心中的苦澀全寫在臉上，一會去拿東西，一會低頭抽菸。

肯南實在看不過，於是找藉口把張強叫到了廚房，很嚴肅地提醒他，他的話已經傷害到那位心情失落的朋友。這時張強才猛然驚醒，為自己的酒後失言深感慚愧。

回到酒桌後，張強十分感慨地聊起了自己創業過程中的各種心酸與糗事，一次次碰壁與失敗。最後，他很真誠地對那位失意的朋友說：「沒有過不去的坎，大家都是在泥水裡摸爬滾打過來的，一切都會好起來的。」那位失意的朋友聽後眼目眶微微紅了，他明白張強的意思，一口乾了杯中的酒表示謝意。

不要在他人面前滔滔不絕地談論自己的得意事，要把它放在心裡，把別人的得意事掛在嘴邊，謙虛做人，這才是高情商的表現。銘記這一點，你就不會被人討厭，而是會讓自己的人生多一條坦途，少一分牽絆。

分享榮耀，要提到別人

情商高的人都明白一個道理：沒有人能獨自成功，在取得成就的時候，一定要把榮譽的蛋糕多切幾塊送人。讓別人分享你的榮譽，會助你取得更大的成功。如果總是自己獨享勝利的果實，會讓身邊的人喪失合作的積極性，如同以下故事：

一位銷售主管所負責的部門這個月業績突出，該部門的銷售總額超出了同級部門的兩倍多。按照公司相關規定，主管按業績抽成，得到了一筆可觀的獎金。老闆也因為有這樣一位得力助手而感到非常高興，於是決定在公司內部開個表揚會，並把他推為大家的榜樣，讓他當眾演講，以此激勵其他員工努力工作。

這位主管在演講中把部門業績全部歸功於自己調配人員的技巧、處理大訂單的果斷和如何辛苦加班等，自始至終沒有提及一句感謝同事、下屬之類的話。

會後，下屬和同事們開玩笑地要他請客慶祝，他一臉不屑，毫不客氣地說：「我得獎金，你們用得著這麼開心嗎？下次我會拿更多，到時再說吧⋯⋯。」

可是等到下個月，這位主管不僅沒有拿到一分獎金，還因為沒完成銷售任務而被扣了部分工資。更奇怪的是，他的下屬越來越懶散，就連老闆也對他冷淡了許多。

由此可見，當你在工作中做出一些成就時，千萬要記得別獨享榮耀，否則這份榮耀就會給你帶來人際關係上的危機。功勞的確能凝聚別人羨慕的目光，可以給自己帶來很大的成就感，但是你只想把功勞一個人占盡，企圖讓光環僅圍繞自己轉，那就不是自私而是愚蠢了。「見不慣別人比自己好，更見不得別人搶自己的好」，是人性的一大弱點。

獨自貪功就是搶別人的好，這不僅會給自己帶來許多壞處，甚至還會引火焚身，激起公憤，最終害人害己。謹記這個忠告，你會受益無窮。工作上取得了成績，升職、加薪了，不妨和同事們慶祝一番，對老闆說聲謝謝，對下屬的配合與支持表示真誠的感謝，甚至是那些嘲笑過你的人，也要因他們給了你前進的動力而有所感謝，讓大家一併與你分享快樂。

假如真的這麼做了，相信你會有驚奇的發現——身邊的人扶持著你走向了更高的位置。因為你給自己帶來榮譽的同時，也給他們帶來了榮譽。主動把高帽子饋贈給別人，他們也會反過來維護、支持你。

說些軟話，避開針鋒相對

不管是生活還是工作中，有的時候你知道是對方做錯了，當然可以指出他的錯誤，但是話如何說才能避免引發一場口舌之戰，就要看一個人的說話水平了。如果是因為沒有講究方式而造成跟同事、家人、朋友關係緊張，則須考慮自我調整。有時候只要轉換一下表達方式，將刺耳的「多管閒事」轉換成善意提醒的軟話，效果就會好很多。

孫倩在職場上已經「浮沉」了好些年，也遇到過各種各樣的人和事，本來應該也算是一個交際能手，但不知為什麼，她總是很容易得罪人。

她心裡總擱不住事，有什麼說什麼，從來不會隱瞞自己的觀點。有的同事把茶水倒在紙簍裡，弄得一地水，孫倩會叫他不要這樣做；有的人在辦公室裡抽菸，她會請他出去抽；有人愛沒完沒了地打電話，她就告訴他不要隨便浪費公司資源……孫倩這樣做是出於好心，因為如果讓經理看見了，不是一頓責罵，就是會被扣獎金。

可是，好心沒好報，孫倩這樣做的後果是把同事們都得罪了。每個人都對她有一大堆意見，甚至大夥一起去郊遊也故意不叫她。有一次實在氣不過，孫倩就向經理反映，沒想到經理也不怎麼支持她，弄得她在公司裡更加被動了。孫倩非常想不通，明明自己是實話實說，為什麼會弄成這樣？真是好心被當成了驢肝肺。

孫倩的這種為人處事的方式其實在生活中很常見，也很容易理解。我們平時工作、生活離不開與人打交道，有時候看不慣對方的行為就會不假思索地指出來。其實，這是一種欠考慮的行為，特別是在與同事相處時，如果總是對別人的行為挑三揀四，就很容易被同事們孤立。

所以，要想有好人緣，就需要有一顆包容的心，能說幾句軟話解決的，就不要針鋒相對地爭執。接著，再看看這個例子：

一位顧客在商場買了一件外套，五天後卻拿著衣服返回商場要求退貨。其實，那件衣服她已經穿過一次並且洗過，可她堅持「絕對沒穿過」，態度也很不友善。

銷售員檢查了那件衣服，發現有明顯乾洗過的痕跡。但是，直截了當地向顧客說明這一點，顧客是絕不會輕易承認的，因為她已經表明「絕對沒穿過」，而且精心地偽裝。再者，如果直接說破，也會讓她感到沒有面子，進而引發雙方爭執。

於是，聰明又善解人意的銷售員繞了個彎子，說了段軟話，並沒有跟顧客正面衝突：「這位顧客，我知道您說的是實話，但有可能是您的家人誤把這件衣服送去乾洗店洗過，因為這件衣服的確看得出已經被洗過了。不信的話，可以跟店裡同款的其他衣服比一比。前幾天我家就發生過這樣的事──我把一件剛買的衣服和其他衣服堆在一塊，結果我老公沒注意，把那件新衣服和一堆髒衣服一股腦地塞進了洗衣機，我覺得可能您也遇到同樣的事情。」

顧客看了看證據，知道無可辯駁，而銷售員又為她的錯誤準備了藉口，給了她一個臺階下。於是，她順水推舟，收起衣服走了。

銷售員如果沒說這段軟話，直白地揭穿顧客的「技倆」，再強硬地駁回對方的要求，換來的只會是一場尷尬和不歡而散。現實中，人們普遍存在著吃軟不吃硬的心態，特別是性格剛烈的人，如果你說話「硬」，他可能比你更硬；倘若來「軟」的，他反倒會於心不忍，也就有話好好說了。

軟話的威力可見一斑，那是不是任由我們隨意說軟話呢？當然不是。軟話要會說，說得恰如其分，才能服人心，發揮作用。

首先，掌握好分寸。軟話歸軟話，但仍要含蓄地指出對方的錯誤，同時還要照顧他的面子。如果分寸把握不當，不但會使自己給人留下不好的印象，也會使對方難堪。

其次，內含道理。很多時候，你想要勸服人，說軟話的效果要比硬話好得多。然而，**軟話並不是低三下四地哀求，而是一種鬥智與心理交鋒，透過溫柔的言語啟發、開導，並使對方按照你的意思行事。**

會說軟話、敢於說軟話體現了一個人的極高素養。在正常情況下，人的度量大小是很難表現出來的，而在面對一些讓自己感覺不舒服的人或事時仍能用平和的語氣、得體的話語表達自己不滿的人，他的寬容大度立刻就體現出來了，且還有可能讓對方心服口服，甘願為你忙前忙後。所以，能說軟話的時候請盡說無妨。

主動道歉不輸面子，反而贏得諒解

卡內基的人際關係原則中很重要的一條是：如果錯在你，應當立即、斷然地承認。做錯事情，搶先承認自己的錯誤，比讓別人發現後提出批評要好，這會使人對你的感覺好得多，也利於解決問題。

卡內基時常帶著自己心愛的小狗在家附近的森林公園散步。為了保障遊客的安全，該公園明文規定，所有進園的寵物必須戴口罩、拴鏈條，否則一律不得入園。一開始，卡內基嚴格遵守這條規定遛狗，後來看到自己愛犬那可憐的小模樣很不忍心，於是將口罩和鏈條取下，讓愛犬無拘無束地在公園玩耍。

沒想到被一位公園管理人員看到了，只見他走過來對卡內基說：「你沒看到公園門口張貼的公告嗎？」卡內基爭辯道：「噢，我的狗是不會咬人的。」那位公園管理人員一聽，厲聲警告卡內基：「法官可不會管你的狗會不會咬人而放過你，下次再被我看到，你自己對法官說去！」

過了幾天，卡內基又帶愛犬到公園裡一處很空曠的地方溜達。看看四下無人，他又將狗的口罩和鏈條取了下來。說來也巧，上回碰到的那位管理人員不知從什麼地方鑽出來，迎面朝卡內基走來。卡內基見到管理人員，心想大事不妙，這下准逃不掉。根據上次的經驗，和管理人員爭辯只會讓他更加惱火。

略加思索，卡內基以滿臉羞愧的表情迎上前去，很難為情地對管理人員說：「對不起，前幾天你才警告過我，我又犯錯了。」那位管理人員愣了一下，笑意顯現在原本嚴肅的臉龐上，他很溫和地對卡內基說：「我知道誰都不忍心看到自己的狗可憐兮兮的模樣，何況這裡沒有什麼人，所以你取下了口罩。」

卡內基輕聲回答：「但是，這樣做是違法的。」那位管理人員瞭望遠處說：「這樣吧！你讓小狗跑到那個小丘後頭，讓我看不見，這件事就算了。」

「對不起」這三個字看來簡單，可是它的效用卻不是別的字所能比擬。這三個字能使頑固者點頭，可讓生氣者怒氣消滅，甚至化敵為友。

卡內基的故事給了我們一個很好的示範：**聒噪的鴨子嘴只會讓自己吃虧，但是一聲不吭的悶葫蘆同樣也得不到什麼好處**，兩者都有可能讓原本並不嚴重的事情變糟。而這時如果能夠及時道歉，一聲「對不起」有可能大事化小，小事化無了。

你在地鐵上不小心踩到別人的腳，馬上說聲「對不起」，被踩的人自然不會計較什麼了。若因你的過失給別人帶來困擾，而你還不承認自己的錯誤，就不能怪別人對你心生厭惡、口出惡言了。

很多人平時自視清高，把面子看得比什麼都重要，所以一旦犯錯，首先想到的不是趕緊道歉，而是如何文過飾非。因為道歉讓他們覺得很沒面子，是自己能力不夠的表現。

但事實恰好相反，道歉不是什麼丟臉的事，而是真摯和誠懇且尊重他人與自己的表現。

真誠的道歉是一種善意的信號。一般情況下，人們對於善意的訊息都會做出友善的回應。如此，道歉者就能很容易地得到對方諒解，甚至會因為你的主動道歉而欽佩你為人大度，從而結下寶貴的友誼。與那些死要面子活受罪的人相比，主動道歉顯然是明智之選。

別人出糗，假裝沒事繼續聊

在人際交往中，面子是個大問題。遇到令人難堪的時刻，我們總會好心地去說一些解圍的話，好讓當事者趕緊擺脫尷尬。但這樣的熱心在某些情況下可能並不適用，甚至會讓對方轉尷尬為惱怒。正如卡內基所說：「往往有這樣的人，他們知道別人出了洋相，就主動地去安慰人家，還自以為別人非常喜歡這種方式，會用感激的目光看著自己。其實，別人最希望的，就是你假裝不知道他出了洋相，不嘲諷也不安慰。」

所以，如果發生在別人身上的尷尬情景觸及了對方的自尊心，假裝沒發現他陷入尷尬，就是最貼心的解圍方法。用你心知肚明的「不知道」幫他遮蓋尷尬，不讓他丟面子，對他來說就是最大的安慰。以下是以高情商來解圍的三大招——

❶假裝沒聽見

對別人說出會引發尷尬的話裝作沒聽到或沒聽清楚，用另外的話題含混帶過，也可以說這是一種避實就虛的處理方式。

一位實習老師第一次上臺講課，剛在黑板上寫下幾個字，突然有學生大叫起來：「實習老師的字真好看，比我們李老師的字好看多了！」

真是語驚四座，幼稚的學生哪能想到，坐在最後一排旁聽的李老師該是多麼尷尬！對這位實習老師來說，初上崗位就碰到這般讓人難堪的場面，的確令人頭疼。不過，這位實習老師靈機一動，裝作沒有聽到，繼續寫了幾個字，頭也不回地說：「不安安靜靜地看課文，是誰在下邊大聲喧嘩？」此語一出，後座的李老師頓時輕鬆多了，尷尬局面也隨之消除。

這位實習老師巧妙地運用了假裝沒聽見的技巧，避開「稱讚」這一實體，婉轉地告訴李老師「我根本沒有聽到」，同時借「喧鬧」回應了那位學生的稱讚，避免了他誤以為老師沒有聽見而再稱讚幾句，造成更尷尬局面。[12] 我們不得不為這位實習老師的高情商做法按讚！

❷故意說「痴話」

一家五星級飯店招聘客房服務人員，經理給應聘者出了一道題目：

假如你走錯了房間，推門進去看見一名「女客」一絲不掛地在沐浴，而她也看見你了，這時候你該怎麼辦？

第一位答：「說聲『對不起』，就關門退出。」

第二位答：「說聲『對不起，小姐』，就關門退出。」

第三位答：「說聲『對不起，先生』，就關門退出。」

結果第三位應聘者被錄取了。[13]

為什麼呢？因為前兩位的回答雖然說的都是實話，但於事無補，都讓客人有了解不開的尷尬心結，唯有第三位的回答很巧妙——假裝沒看清，故作痴呆，稱對方為「先生」，光著身子沐浴的女客就會想：「他竟連我是女的都沒看出來，那應該沒有看清楚吧。」大大降低了尷尬的程度，且化解了女客心理上的羞憤感，可說是兩全其美了。

❸知而不言

當看到別人陷入尷尬而自己又沒有好的解圍方法時，假裝不知道，不去戳破那一層窗戶紙，不失為一種妥當的處理方法，如同以下故事：

為參加朋友舉辦的一次隆重派對，小落第一次穿上了高跟鞋和超短裙，還化了比較濃的妝。朋友們見到她這樣打扮，一片驚呼，她自然而然地成了聚會的焦點。派對上有一項活動是蹦迪*，高跟鞋和超短裙肯定是不適合的，何況小落還是第一回穿呢。

一開始她不願意下舞池，後來在朋友們的勸說之下勉強蹦了一會兒，誰知卻出了問題，小落的一個鞋跟折斷了，短裙也不小心撐裂了，她只好裝作沒事一樣，一瘸一拐地回到座位。

一曲終了，大家都下場來，小亮走過來坐到了小落對面。小落十分尷尬，生怕被他發現了，趕忙說腳扭了，有點不舒服，所以早下來坐一會。小亮並不看她的「傷勢」，只是叫了兩杯飲料，並說：「妳平時看起來就文弱，一定要小心啊。這種劇烈運動連我都渾身濕透了，妳肯定更累吧。以後多鍛鍊鍛鍊，再穿上今天這麼漂亮的衣服，那效果肯定超棒！」

兩個人聊了半天，小亮始終沒有再提起她的「傷」。其實，他早就看到是怎麼回事，為了不讓小落太尷尬，故意裝作不知道。而他這「知而不言」的舉動確實讓小落緩了一口氣。

小亮就是巧妙運用了「佯裝不知」的技巧，避免了尷尬。在社交場合，許多人遇到意外狀況之後，即使假裝不在意，其實心裡面還是會有疙瘩。所以，**有時候當別人遭遇尷尬，你的安慰可能只會讓對方感覺更沒面子**。這時，故作不知或說一句痴話，讓當事人以為別人沒發現他正處於尷尬之中，釋懷內心糾結不安的情緒才是最好的方法。

說話囉嗦，像裹腳布又臭又長，誰喜歡？

幽默大師林語堂曾戲稱：「演講要像女人的裙子，越短越好。」不僅演講如此，說話也是一樣。簡潔的話語常能讓人有意猶未盡、餘音繞梁之感，而冗長又索然無味的話語就像老太婆的裹腳布，又臭又長、囉囉嗦嗦，使聽者昏昏欲睡。

同樣是說話，有的人說了很多卻讓人不知所云，有人簡單說幾句卻能四兩撥千斤，一語中的，這就是說話水平的差距。平日裡跟閨蜜天南地北地亂聊無可厚非，但如果遇到非常正式的場合，說話就要特別注意邏輯性和條理性，要將自己想說的內容逐字逐句清晰地表達出來，讓聽者能立即明白你在說什麼。也就是說，你要採取一種言簡意賅的

＊編註：由迪斯可（Disco）舞蹈演變而來。

說話方式。接著，來看看這個故事：

某天上午，職場新人小艾跑到經理辦公室想要說點什麼，她一開始說：「經理，我是家裡的獨生女，爺爺奶奶平時最疼的就是我，把我當小公主一樣照顧著。」經理抬起頭問：「然後呢？」

小艾又說：「我對待工作真的挺認真負責的，來公司之後一次假也沒請過。上次要回學校照畢業照都沒敢請半天假，現在還覺得很遺憾。」經理停下了手頭的工作，再問：「然後呢？」

小艾小心翼翼地說：「我媽打電話說奶奶病了，特別想讓我回去看看。」經理笑著接了下句：「所以妳想請假？」小艾終於點點頭。

「其實妳可以一進門就說：『經理，我要請假』。」經理點撥小艾說：「沒有必要說那麼多鋪陳的話。如果可以請假我肯定會立刻同意的，要是不方便我會接著問妳原因，妳再說明這些情況。我們平時在工作中要講究效率。」

經理說得很對，幹嘛要繞彎說話浪費時間呢？直奔主題說明自己的意圖，這對於追求效率的職場是非常必要的。然而，女人含蓄的天性可能會使她們說話時愛拐彎抹角，做了各種鋪陳之後才願意表達自己的真實想法——這樣的做法有時非常必要，比如批評別人的時候。但是在需要你簡潔明瞭地表明自己的意圖時，直截了當地說出心中想法更恰當。

說話言簡意賅，最重要的一點就是所說的話句句都要圍繞主題，語句簡練、意思完整，將你所想所悟有條不紊地呈現在聽者面前，思路清晰、表意明確，如同以下：

汪涵有一次在接受採訪時，記者問他：「你剛出道時，大家會覺得耳目一新。但隨著曝光率過高，觀眾會產生一定程度上的厭倦心理，尤其是娛樂節目主持人，幾乎都有這個從新鮮到厭煩的過程，你覺得自己有沒有進入這個過程呢？」

對於這個問題，汪涵如此回答：「我自己看我都厭煩了，打開電視機哪都是我，能有機會休息一下最好。好比我們身邊有很多河流，長江、黃河不會因你每天看到它就厭煩。問渠哪得清如許？為有源頭活水來。只要不斷改造、修行自己，主持人開口說話就像水庫開閘放水，如果水是清涼、清澈的，還是有人會靠近它，掬一捧水洗洗臉。如果你不去補充，流出的是泥漿，一定不會有人來靠近。水庫的造型、周遭環境不是吸引人靠近它的最主要原因，而是它裡面時時刻刻都有清澈的水，才會有人跳進去暢遊。」[14]

倘若仔細琢磨這一段應答，就會發現其中充滿了智慧和邏輯。汪涵先是以一句「我自己看我都厭煩了，打開電視機哪都是我」自嘲，暗示自己人緣不錯，然後拿江河打比方，巧妙解釋自己頗受觀眾青睞的原因——為有源頭活水來。

緊接著，他又別具一格地將「主持人開口說話」比作「水庫開閘放水」，採用兩個假設複句——「如果水是清涼、清澈的，還是有人會靠近它」、「倘若你不去補充，流出的是泥漿，一定不會有人來靠近」，從正反兩面強調了主持人「不斷改造、修行自己」的重要性。

最後，他以一句「不是……而是……」的說辭，言簡意賅、深入淺出地直指問題的核心——主持人吸引人的最主要原因在於「時時刻刻都有清澈的水」。儘管汪涵在娛樂節目裡說話總是插科打諢，但關鍵時刻其高超的口才不失其作為一流主持人的水準。

這裡需要注意的是，言簡意賅並不是說話簡單即可，這種簡潔要從實際效果出發，簡得適當且恰到好處。倘若單純為了追求簡潔而硬是掐頭去尾，那別人會對你的話感到迷惑，從而影響溝通的效果。也就是說，言簡意賅中的「簡」是相對的簡，而不是絕對的。所謂的簡短，應當以精確為前提，該繁則繁，能簡則簡。

想練習言簡意賅的說話方式，最有效的辦法就是在日常生活裡有意識地培養自己分析問題的能力，試著透過某一件事的表面現象去抓住背後的本質並進行綜合概括。只有這樣，說出來的話才能做到準確精闢且富有魅力。此外，最好在平時多掌握一些詞彙，如果說話者詞彙貧瘠，那在講話時即使搜腸刮肚也很難保證有精彩的談吐。

具體來說，在與人交談的過程中，怎樣才能做到簡潔、明瞭呢？你該注意以下五點——

❶緊扣主題，把話說得到位，與本次談話無關的內容最好不說。

❷分清主次，重點突出，重要的事情挑重點說，次要的事情一句帶過。

❸在話末說出口時，先打好一個腹稿，然後再按照次序一一說出來。

❹多用簡潔明快的短句，少用冗繁複雜的長句或倒裝句。

❺多用通俗易懂的常用詞，少用某些特殊專業或範疇專用的詞彙。

Chapter

4

「口吐善言」，最值得稱道的正能量

提供對方想要的認同感

少潑冷水多誇讚

仔細想想，你的生活中是否有這樣一類人，他們似乎很有主見，可以迅速對別人做的決定、購買的商品，甚至新交往的對象做出評價——支持或反對，讚美或鄙夷，而一般情況下，他們得出的結論都是後者，給興高采烈的人當頭潑一盆冷水。因為他們好像天生就具有發現事情不完美一面的能力，似乎「壞處」才是這些人關注的重點，而「好處」全被自動忽略——這類人有一個共同的稱號就是「趣味殺手」。

某天，小美新買了一雙鞋子，室友阿華湊過來看，搖著頭說：「唉，這個鞋子的顏色挺適合妳的，我穿就不行了，太顯老。款式和我的那雙一樣，不過我的是三年前買的，早過時了。這種鞋子鞋底硬，一走腳就痛……。」

「不會吧？花了我四百多大洋呢。」小美懊惱地說。

「什麼？要四百多？被當『冤大頭』宰了吧？」說完轉身出門了。

從看到小美新買回來的鞋子到發表完自己的評論，一共不到兩分鐘的時間，阿華就快速地完成了對小美這次購買行為的判定——瞎花了那麼多錢。

小美高漲的情緒瞬間跌到了谷底。她逛了一天的街，進了不下十家店才終於相中這雙鞋子，哪知一回來就被阿華潑了一盆冷水，心情沮喪極了。

一會兒同宿舍的悅悅回來了，看見小美有氣無力地躺在床上，地上放著一雙漂亮的高跟鞋，猜想可能是小美剛買的。悅悅走過去，拿起鞋子高興地對小美說：「小美，這是誰買的鞋子啊，好漂亮！」

「我買的，漂亮嗎？阿華說醜死了，白花了冤枉錢。」

「哪有啊，我覺得這雙鞋子和妳那條素色的連衣裙非常搭，不信妳穿看看。」

被悅悅這麼一說，小美也來了興致，從床上迅速爬起來，趕緊穿上那條長裙，再搭配上新買的鞋子。小美站在鏡子前看到鏡中身形高挑的自己，沮喪心情一掃而空，悅悅在一旁也是羨慕不已。小美很感謝悅悅的「安慰」，兩個人的感情更好了，倒是總愛潑冷水的阿華被小美漸漸疏遠。

客觀來看，小美已經把鞋子買回來了，哪怕真的不好看、穿著不舒服，也無法退貨了，這時她需要的是安慰，但阿華這番話除了讓她心裡更加難受，又有什麼用呢？反倒是悅悅，不僅真心地讚美鞋子漂亮，還站在小美的角度幫她選衣服、搭配鞋子，讓小美覺得鞋子「買對了」，這才是身為朋友該做的。

雖說生活中不管對什麼事、什麼人都說「好」會給人留下不真實或「濫好人」的印象，但是不管遇到好事還是壞事總愛給人潑冷水之人，更加惹人煩。如果朋友正處在春風得意之時，你可以適當地潑點冷水，讓朋友保持清醒，免得得意忘形惹來是非。但是，對於生活中瑣碎的小事，比如老同學請客吃飯或某位朋友新店開張請你參觀，就該抱著感謝的心情，多多誇讚，而不該嫌棄菜不好吃或朋友店裡的裝潢風格不合你意。

對於別人的小幸福、小幸運，你大可不必自以為是地去告誡他「樂極生悲」，這種**「告誡」只會毀掉一切趣味和美**，讓對方的喜悅心情頃刻間化為烏有。跟人說話時少潑冷水，並不是說人人都是玻璃心，聽不起負面意見，只是誰都不願意讓自己的好意或努力被隨便地嘲笑。

在網上看到一個故事，當中的一句話絕對可稱之為高情商的典範：

一個朋友到大學教授家做客，恰好那天教授的兒子帶著女朋友回家，只見這位朋友說：「這孩子跟他爸爸一樣眼光好，會挑人！」數一數這句話共誇了幾個人——

❶誇兒子眼光好，會挑女朋友。

❷誇爸爸眼光好。

❸誇了兒子的女朋友，因為兒子「眼光好」才能挑到優秀的女朋友。

❹誇了媽媽，因為「孩子跟他爸一樣」。

高情商的人都善於以欣賞的眼光來看待他人，並發自真心地讚美。像上述故事中的那位朋友，一句話把四個人全誇到了。提高情商的第一步，就從讚美開始！不信你就試一試吧！

給他激勵，而不是警告

馬戲團的馴獸師在馴狗時有一個訣竅——哪怕小狗只有微小的進步，馴獸師就會像對待一件大事似的，輕輕地拍牠、稱讚牠，並給牠肉吃。不光馴狗，數百年來，訓練動物大都是採用同樣的方法。

那作為父母、老師、上司，面對「不爭氣」的孩子、學生和下屬，與其橫眉怒對，倒不如向馴獸師學習，以肉代鞭。人們多數時候需要的是激勵，而不是責罵。即使是最微小的進步，如果我們能夠給予足夠稱讚，就能激勵對方繼續進步。

紐約布魯克林區的一位四年級老師霍普斯金太太，在新學期開學的第一天，她本該對新學期的到來感到興奮和充滿期待，而在看過班上的學生名冊後，卻心懷憂慮：今年，在她班上有一個全校最頑皮的壞孩子「湯姆」。他不只會惡作劇，還跟男生打架、逗女生、對老師無禮、在班上擾亂秩序，而且情況越來越糟。他唯一的優點是：能很快掌握學校的功課。

霍普斯金太太決定立刻面對湯姆的問題。當見到班上的新學生時，她講了一些話：「蘿絲，妳穿的衣服很漂亮；愛麗西亞，我聽說妳畫畫很不錯。」當念到湯姆的名字時，她直視著湯姆，對他說：「湯姆，我聽說你是個天生的領導者，今年我要靠你幫我把這個班變成四年級最好的一班。」頭幾天，她一直強調這點，誇獎湯姆所做的一切，並評論他的行為，表揚他是一位很好的學生。令人驚奇的結果出現了，湯姆真的變了，他漸漸地約束自己那些不好的行為，變成一個好學生。[15]

孩子也有著很強烈的自尊心，他們表現不好時可以指出來，但若可以不用批評的形式而是激勵的方式，會更有助於促進他們向好的方向發展。

美國一位典獄長也曾說過，相較於嚴厲的批評與懲罰，對罪犯們所做出的每一個努力適當的欣賞，更能得到他們更大程度的合作，並且有助於恢復人格。

我們再來看一下美國紐約州第一位黑人州長羅傑·羅爾斯（Roger Rolls）的故事：

羅爾斯是美國紐約州歷史上第一位黑人州長，他出生在紐約聲名狼藉的大沙頭貧民窟，這裡環境骯髒、充滿暴力，是偷渡者和流浪漢的聚集地。在這出生的孩子耳濡目染，他們從小翹課、打架、偷東西甚至吸毒，長大後很少有人從事體面的職業。然而，羅爾斯是個例外，他不僅考進大學，還當上了州長。

在就職的記者招待會上，一位記者對他提問：「是什麼把你推向州長寶座的？」面對三百多名記者，羅爾斯對自己的奮鬥史隻字不提，只談到了他上小學時的校長——皮爾．保羅。

一九六一年，保羅被聘為諾必塔小學的董事兼校長。當時正值美國嬉皮流行的時代，他走進位於大沙頭的諾必塔小學時，發現這裡的窮孩子比「迷惘的一代」還要無所事事。他們不與老師合作，曠課、鬥毆，甚至砸爛教室的黑板。保羅想了很多辦法來引導他們，可是沒有一個奏效。後來他發現這些孩子都很迷信，於是在他上課的時候就多了一項內容——給學生看手相，他用這個辦法來鼓勵他們。

當羅爾斯從窗臺上跳下，擺著小手走向講臺時，保羅說：「我一看你修長的小拇指就知道，將來你是紐約州州長。」當時，羅爾斯大吃一驚，因為長這麼大，只有奶奶讓他振奮過一次，說他可以成為五噸重的小船船長。這一次，保羅先生竟說他可以當紐約州州長，著實出乎他的意料。他記下了這句話，並相信它。

從那天起，「紐約州州長」就像一面旗幟，羅爾斯的衣服不再沾滿泥土，說話時也不再夾雜污言穢語。他開始挺直腰桿走路，在往後的四十多年間，沒有一天不按州長的身份要求自己。五十一歲那年，他終於成了紐約州州長。[16]

吉斯菲爾伯爵曾說過：「各人有各人優越的地方，至少也有他們自以為優越之處。對於其自知優越的地方，固然喜愛得到他人公正的評價；但對於那些想得到認可卻缺乏自信之處，人們尤其喜歡得到別人的恭維。」

已故哈佛大學教授威廉．詹姆士（William James）有一句名言：「與我們本來應有的成就相比，我們不過是半醒著，只利用著自己身心資源的一小部分。廣義地說，人類的個體就這樣生活著，遠在其應有的極限之內；它有著各種力量，但從未被利用過。」是的，一個人的潛力無限，他的進步也沒有終點。當對方每次有了小小的進步，只要你肯讚美、激勵他，他一定能有更大的進步。

因此，對待生活中所謂的「不爭氣」之人，**與其等他走上你不想讓他走的路時給一鞭子，不如在他一腳踩上你要他走的路時給一顆糖**；與其對他做錯的地方指手畫腳，不如稱讚他的每一個進步，即使十分微小。

適時給臺階，人緣跟著來

在社交場合，每個人都格外注意自己的形象塑造，會表現出比平時更為強烈的虛榮心和自尊心。在這種心態的支配下，如果你不給對方留面子，他就會產生強烈的反感。每個人都有自己的心理防線，一旦我們不給別人退路，不讓他們走下臺階，對方就會使出最後一招——自衛。公共場合與人爭論所帶來的影響遠比因尷尬而產生的影響壞得多，所以遇事待人，會說話的高情商者都謹記一條原則：別讓人下不了臺階。

經常看《快樂大本營》的朋友都知道，節目中經常貫穿著各種各樣的玩笑。有一期節目的嘉賓是著名歌手林宥嘉，主持人照舊跟對方開起了玩笑。林宥嘉是從選秀節目《超級星光大道》出來的歌手，被人們稱為「迷幻王子」，深得粉絲喜愛。

節目組知道林宥嘉喜愛美食，於是特意安排了一頓大餐，還專門設置了一些機關，祕密攝製林宥嘉吃飯的整個過程。節目現場播放了這段視頻，大家看完VCR後，哈哈大笑，主持人何炅開始和林宥嘉開玩笑了。

何炅說：「你們不知道那個拔絲西瓜有多燙，西瓜本來就有很多水分，所以它特別的燙。我吃了四口都沒有咬下去，因為太燙了，他（林宥嘉）整個放到嘴裡。」聽完何炅的話，現場觀眾再次大笑起來，林宥嘉也笑著說：「對，太燙。」

不過，為避免尷尬，何炅接著說了一句話，給了林宥嘉一個臺階下：「但是，我覺得可以吃是很幸福的事。」於是，把話題轉到了明星們都不能吃飽這件事上，感嘆他們為此所做的犧牲。

林宥嘉作為偶像明星，被大家看到他不雅的吃相難免有點難為情，所以何炅趕緊給了他一個臺階，順便轉移了話題，擺脫了尷尬的處境。如果你也能像何炅一樣，隨時關注別人的感受，在適當的時候給別人臺階下，那你也會成為一個像何炅一樣被大家喜歡的人。

會說話的高情商者，在別人遭遇窘境時，不但會盡量避免因自己的不慎而使別人下不了臺，還會在對方可能不好下臺時，巧妙及時地為其提供一個臺階——

•順勢而為送臺階

全校語文老師來聽王斐老師講課，想不到校長也蒞臨指導，這下可使王老師為難了。她既怕自己的課講得不好，又擔心學生回答問題時表現不佳。

課堂上，王老師重點講解了詞語的情感色彩問題。在向兩位同學提問，取得良好效果後，她接著問校長的兒子：「請你說出一個形容媽媽美麗的詞或句子。」可能是課堂氣氛緊張，又或許是嚴父在場，也可能是兼而有之，校長的兒子一時語塞，只是呆呆地站著。

王老師隨機應變地說：「好，請你坐下。同學們，剛才這位同學的答案是最完美的，他的意思是說，媽媽的美麗是無法用文字和言語來形容的。」校長和在場的所有老師都會心一笑。

懂得察言觀色的人會依當時的態勢，對他人的尷尬之舉加以巧妙解釋，使消極事件轉而具有積極的含義。王老師的這一妙解為校長兒子尷尬地呆立著賦予了積極的意義，使他順利下了臺階，王老師和校長也自然擺脫了難堪。

• 轉移話題擺臺階

某單位一名女員工結婚，在辦公室發喜糖，正巧該單位有一位尚未有對象的三十三歲大齡女青年。大家吃著糖，突然一位中年女職員笑著對那位女青年說：「喂，什麼時候吃妳的喜糖啊？」大家一聽都望向那位女青年，她臉上的笑容瞬間變成了不知如何回答的難堪表情，緩緩地低下了頭。

坐在女青年旁邊的一位大姐見狀，起身來到她身邊，指著對方身上一件款式新穎的上衣問：「咦？這件上衣什麼時候買的？在哪個商場買的？真適合妳啊！」女青年聽了大姐的話，臉上又漾起了笑容，大家興致勃勃地談起了那件衣服，那位中年女職員的問題也就不了了之。

在大庭廣眾之下問還沒有對象的大齡女子何時結婚，確實是一件很不禮貌的事情。女青年碰到這個尖銳問題時處境自然十分尷尬，回答不好就會引起別人的閒話，再說這事也沒必要讓大家參與進來。一旁的大姐看女青年陷入尷尬，立刻把話題轉移到她的漂亮衣服上，藉以迴避他人的無聊問題，適時挽回了女青年的面子。

不論是智商極高還是情商極高的人，都有下不了臺的時候，所以當看到別人處在進退兩難的尷尬境地時，會說話的高情商者都會提供一個合適的藉口或方法給對方臺階下，使其免丟面子。這既可以緩和緊張難堪的氣氛，使你獲得對方的好感，而且也有助於你樹立良好的社交形象。

投其所好的讚美，怎麼說？

日常生活中，人們可能都有過這樣的經驗——當你誇獎朋友的成績時，他會說：「你不知道我付出了多少心血。」言語間彷彿有你不知其艱辛、只看結果不看過程的意思；相反地，如果你說：「真不錯，一定花了你許多心血吧！」他就會很開心，認為你很瞭解他。其實，很多人做事並不僅僅在乎結果，更注重過程。

是的，每一次收到鮮花和掌聲的背後都是數倍於常人的付出，正如冰心前輩所說：「成功的花兒，人們只驚羨現時的明豔！當初它的芽兒浸透了奮鬥的淚泉，灑遍了犧牲的血雨。」所以，有時候恰當地誇獎對方的辛勞付出，比起單純讚美他取得的成果能達到更佳的讚美效果。換句話說，讚美的話能撓到對方的「癢處」，對方最愛聽，效果也最好。

當你要讚賞一位老師時，不妨說：「學生○○○真不愧是你的得意門生啊！現在已經自己出書了。這就是名師出高徒啊！」對於一位老師而言，引以為榮的往往是他教過的學生在社會上很有出息，你對學生的讚美就是對他最大的稱讚。

當你面對一位一生都默默無聞，但卻將自己的孩子培養成高材生的母親時，可以對她說：「妳真有福氣啊，兩個兒子都那麼有出息。」引以為榮的孩子被讚賞，她一定高興不已。

老年人總希望別人不忘記他「想當年」的成績與雄風，所以與其交談時，可多稱讚他引以為豪的過去。例如，你可以對抗戰老英雄說：「你們真是太偉大了，沒有你們去打江山，我們現在的生活都不知道是什麼樣呢！」

跟年輕人交流，你不妨讚揚他的創造才能和開拓精神，並舉出幾點實例來證明他的卓越才幹：「一畢業就自己創業了，還成功開拓三項業務，真是年輕有為，前途不可限量啊！」

對於經商的人，與其恭維他生意興隆，不如讚美他推銷產品的努力、商業手腕，或稱讚他頭腦靈活、生財有道。對於知識份子，可稱讚對方知識淵博、深思遠慮、淡泊寧靜；若對某位明星表達讚美之情時，一句「我最崇拜你」，還不如直接誇對方的某個作品如何精彩，如何打動了自己……。

讚美他人，錦上添花固然好，雪中送炭更可貴。一位普通的下屬住院了，主管親自去探望時，說了這樣一番話：「平時你在的時候感覺不出你做了多少貢獻，現在沒有你在崗位上，才覺得工作沒了頭緒、慌了手腳，你可一定要安心把病養好啊！」把下屬當成左膀右臂，讓對方認為自己很重要，這樣的讚美怎麼會不深得人心呢？

上述這些都是恰如其分的讚賞。但如果你誇一個中年婦女活潑可愛、單純善良就會不倫不類，弄不好還會招致一頓臭罵；再比如你讚美主管發家有方、日進斗金，恐怕你的升遷希望就渺茫了……。

人的地位有高低之分，年齡有長幼之別，所以因人而異、突出對方個性、符合他心意的讚美比一般的讚美能收到更好的效果。另外，恭維讚美的話一定要切合實際，到別人家裡，與其亂捧一場，不如讚美房子布置得別出心裁，或欣賞牆上的一幅好畫、驚嘆一個盆栽的精巧。

若要討得主人喜歡，你就要投其所好——主人愛狗，便要讚美他養的狗；主人養了許多金魚，你就要談談那些魚的美麗……。

由此可見，**讚美不是一味地奉承說好話**。每個人都希望受到別人關注，會說話的高情商者要學會發現別人身上隱藏的亮點，撓到對方的「癢」處，**把讚美的話說到位**，這樣才能達到最佳的讚美效果。如果人云亦云，那你的話在對方看來既乏味又粗糙，甚至會令人生厭而產生反效果。

同理式傾聽，人際互動的智慧

聚會上，總能見到這樣一些人，他們似乎有說不完的有趣話題，把周圍人逗得哈哈大笑，整個聚會的氣氛都讓他們帶嗨了。這時，那些不擅長在公眾場合與人溝通的人往往會向他們投以無比羨慕的目光。其實，**當你無法充當那個話題引領者時，不妨做一個耐心傾聽者**。能說會道是情商高的表現，但善於傾聽同樣是高情商者的標準配備。

傾聽是一種瞭解別人的方式，更是與人交往的智慧。朋友之間需要傾聽，父母與子女之間也需傾聽，愛人之間更需要傾聽。

卡內基告訴我們，要想成為一個談話高手，必須學會傾聽，鼓勵別人多談他自己的事。卡內基舉了一個自己的例子：

有一次他參加一場晚宴，碰到了一位優秀且健談的植物學家。但他對植物學知識瞭解甚少，也從未跟植物學家接觸過，於是凝神靜聽，聽對方介紹外來植物和交配新產品的許多實驗。結果，晚宴結束後，那位植物學家向主人極力恭維卡內基，說他是「最會鼓舞人」之人，是個「最有趣的談話高手」。事實上，卡內基幾乎沒說幾句話，他只是非常認真地聽對方講話。

由此可見，「聽」也是說話的一種方式。

知名記者麥克遜曾說：「不肯留神去聽人家說話，是不受人歡迎的原因之一。一般的人，他們只注重自己應該怎樣說下去，而不管人家要怎麼說。須知人們多半是歡迎『專聽人說話』的人，很少歡迎『專說自己話』之人。」

希拉蕊就以親身實踐，見證了傾聽的魅力，為我們上了一堂示範課：

在二〇〇〇年的紐約州參議員選舉中，希拉蕊一改往日直言不諱地宣傳自己見解的說話風格，轉而踏上「傾聽之旅」——來到民間，努力聽取選民的心聲。在與選民們親切交談的過程中，希拉蕊很少講話，即便說話，也是順著選民們的意思講。「傾聽之旅」讓希拉蕊用無與倫比的親和力贏得了選民們的心，成功當選為參議員。

在參議院中，希拉蕊繼續發揮這種傾聽的魅力，使她得到了同僚們的大力認同，甚至包括以前對希拉蕊有敵意的同事。

傾聽是對別人的尊重和關注，也是我們與他人溝通過程中，一個必不可少的部分，在人際交往中具有非常重要的作用。懂得傾聽的人，往往能表現出大度與接納，能散發出一種溫情的魅力，更容易受到談話者的歡迎。

某天，美國知名主持人林克．萊特（Linke Wright）採訪一名小朋友。林克萊特問他：「你長大後想要幹什麼？」

小朋友天真地回答：「我要當飛機駕駛員！」

萊特接著問：「如果有一天，你的飛機飛到太平洋上空，所有引擎都熄火了，你會怎麼辦？」小朋友想了想說：「我會先告訴坐在飛機上的人，請繫好安全帶，然後掛上我的降落傘跳出去。」

現場的觀眾笑得東倒西歪，而萊特繼續注視著這個孩子，想看他到底是不是個自作聰明的傢伙。沒想到，那個孩子的兩行熱淚奪眶而出，臉上那股濃濃的悲憫之情深深地打動了萊特。

萊特接著問他：「你為什麼要這麼做？」小朋友堅定的回答透露出了一個孩子真摯的同情心：「我要去拿燃料，我還要回來！我還要回來！」[17]

當孩子不顧別人，自己掛上降落傘跳下去時，誰「聽」出了這個孩子的同情心呢？作家鮑威爾曾說：「我們要聆聽的是話語中的含意，而非文字。在真誠的聆聽中，我們能穿透文字，發掘對方的內心。」

人們都喜歡傾聽者，尤其是有同情心的傾聽者，他們就像自己最親密的朋友一樣，無論對個人還是對團體都能起到積極的作用，並且讓人覺得相當可靠、值得信賴和十分忠誠。

佛洛伊德要算是近代最偉大的傾聽大師了，一位曾遇過佛洛伊德的人，這樣描述他傾聽別人時的態度：「那簡直太令我震驚了，我從沒見過這麼專注的人，有這樣敏銳的靈魂洞察力和凝視事情的能力。」、「他的眼光是那麼謙遜溫和、聲音低柔，姿勢很少改變。即使我說得不好，但他對我的那份專注，表現出喜歡我說話的態度，你真的無法想像，別人像這樣聽你說話所代表的意義是什麼。」

到底以何種方式聆聽，才最有利於瞭解對方，並能與對方溝通，建立感情呢？心理學家建議用「**同理心式傾聽**」。

同理心式傾聽，就是用心聆聽另一個人的思維與心聲，這是設身處地，嘗試以他人的雙眼來探究世界的傾聽方式。在所有的傾聽方法中，這是唯一能夠真正深入對方心理的方式，也是高情商的表現。

傾聽者在聆聽時，往往會設身處地為傾訴者著想，提出一些看法和建議。許多傾聽者會被對方的情緒所驅使，認為自己能夠解決對方的問題。假設，朋友與老婆發生了爭吵，並對你講述了這一切，你自然會對此做出回應，可能會這樣安慰他——

- 我要是處在你的位置，我也不能忍受這一切。
- 真是難以置信，我沒有想到，你老婆居然會這樣。
- 這次又跟上一次的情況一樣，你們總是爭論這種事情。
- 對此，你必須總結出一個你自己的結論。
- 不要想不開，這一切不久就會恢復正常。

其實，你的這些回應，沒有一種是你朋友所期待的，也沒有一項建議對他有實質性的幫助。有些話聽了甚至會使他感到更加生氣，而其他則多半是一些廢話。

作為傾聽者，你可能沒有察覺到，這根本不是設身處地為他著想，你的回應反而會讓人覺得你更多地是在表現自己，而不是在關心他。

一個傾聽者應該清楚，你所表達的觀點並不能完全解決別人的問題，你唯一能對他做的，就是表現出能夠理解和體諒，並用心傾聽他的話。

在傾聽時，可以透過一些恰當的交流和引導，讓對方在傾訴過程中，對於所面對的問題有更多的認識和瞭解，並鼓勵他憑藉自己的力量，尋求解決問題的方法。你可以在談話中採取下面兩種方法，引導對方找到解決問題的方法——

❶用你自己的話，重複一遍你所聽到的

一方面，你可以藉此向他表示，你用心傾聽了他講的話；另一方面，你也給他一個機會，使他能夠再次聽到自己所說過的話，並對那些話進行一些修正和補充。你可以這樣開頭：「你認為……」、「你覺得……」。

❷從你的角度，評價對方的感情狀態

在談話的過程中，你應該適當地分析對方的心理狀態，可以從你的角度評價對方的感情狀態。例如這樣跟他說：「你這樣生氣，對……」你所說的，或許正是對方並未意識到的，如此就有可能說中了問題的重點，同時也使對方清楚地意識到自己的問題所在。

傾聽別人的傾訴，是識別他人內心情緒的最好方式，也是實現溝通的前提，只有用心去傾聽，人們才能恰如其分地投入到談話中。在傾聽時，以下這些原則都值得重視——

- 自始至終目光應注視著說話者。
- 全神貫注於對方身上。

- 顯示出你的興趣。
- 不要讓別人分散你的注意力。
- 避免做一些容易分神的動作，比如瀏覽報紙。
- 投入你全部的時間。
- 當別人不能馬上將一件事帶入重點時，你也是有責任的。
- 不要打斷別人說話。
- 設身處地想想對方的處境，嘗試想像自己身在他的處境之中。
- 透過身體語言向對方傳遞你要傳達的信號。例如，可以用點頭表示你對他的贊同和興趣。
- 不該在整個過程中一言不發，只知死盯著對方的眼睛，一個勁地點頭。
- 可以在傾聽別人的時候喝一杯咖啡。

以上這些所謂的原則，只是一些可以用來參照的依據，而不是必須的行為準則。因為每一種談話方式，都要求傾聽者做出不同的傾聽行為。

適時「附和」的傾聽，另類的讚美

傾聽並不意味著沉默不語，有時還需做一些必要的「小動作」，動一動自己的嘴巴。

在傾聽別人說話時，恰當的附和，說明你沒有走神，一直在用心聽對方說話，表達了你對說話者的認同，並且還暗含著對他的鼓勵之意。

例如，當你對他的話表示贊同時，可以說「你說得太好了！」、「非常正確！」、「這確實讓人生氣！」這些簡潔的附和表明了你對他的理解和支持，讓說話者為想要釋放的情感找到了載體。

同時，傾聽者還可以用一些簡短的語句將說話者想要傳達的中心話題歸納一下，使說話者的思想得以突顯和昇華，同時也能提高傾聽者繼續傾聽的興趣。

當然，傾聽者還可以向說話者提一些問題，這些提問既能表明你對說話者所談論話題的關注，又能使說話者更願意說出欲說無由的得意之言，也就是所謂的明知故問，讓對方更願意與你進一步交流。

一位老教授與門下五名學生閒聊著自己當年讀研究所時的雜事：「你們現在的生活可真豐富，校園內有體育館，校園外有休閒館。我當年在你們這個階段，生活裡只有教室、圖書館和宿舍。」

學生們微微一笑，老教授繼續說：「不過，那個時候精力都用在讀書上也好，搞科學研究嘛，基礎知識不扎實根本無法談及創新。還記得我的一個課題是關於青藏高原地質變遷的問題，當時不僅要查自然地理方面的書，還要查很多地質演變與生物演化方面的書。那時科學根本沒有現在這麼發達，哪裡有什麼電腦、文獻電子稿啊，完全依靠圖書館裡紙質的資料，可比你們現在做研究難多囉！」說著，老教授停頓了下來，拿起茶杯喝了兩口。

這時，專心傾聽的林嵐禮貌地問：「老師，您當年的研究方向是青藏高原的地質變遷問題，可是參考資料卻涉及區域內的生物演化，當時是不是很少有人將這兩個方面結合考量？」

聽完林嵐的話，老教授會心地看了看這名好問的學生，然後得意地說：「很多時候，沒人想到的地方你想到了，才會有意外的收穫，才能創新。不信，我們來舉個現成的例子，就說說你現在的課題吧！」接著，老教授仔細地對林嵐正在進行的課題做了很有創意的指導，而其他四名只知道傾聽的學生，卻沒能得到老教授的專門指導。

要知道，附和地傾聽本身就是一種讚美，能使我們更好地理解別人，有助於克服彼此間判斷上的差異性，有利於改善交往關係。「傾聽」也就是能設身處地理解他人的幸福、痛苦與歡樂之時，使我們能把對方的優點和缺點看得更清楚。而這些結論再透過有效的附和來傳達到對方心裡，這才能算是一次完美的交流。

認真傾聽並在適當時候附和也有利於雙方更好地表達自己的思想和情感，在對方明白了我們的傾聽是對他的尊重，他同樣會認真地聽我們說話，這樣彼此的交流才能產生良好效果。

例如，對於上司來說，適時附和地傾聽職員的談話，不但有助於充分瞭解情況，還能體現出你對下屬的體貼和關心，能夠更得人心；朋友之間，這種附和式的傾聽則能促進情感，加深彼此的瞭解，引發精神上的共鳴。

但是，必須注意的一點是，**傾聽他人談話時的隨聲附和並不等於隨意的插話**。有些人性子比較急，且自認理解力強，所以某些時候不等對方把話說完就中途插嘴問這問那，這樣做不僅可能會弄錯對方意圖，中途打斷也有失禮貌。

所以，說話做事時，你若想討對方歡心，把交流愉快地延續下去，就請不要只是默默地傾聽，學著適時地附和吧。

主管難搞？是你不懂他

進入職場，處理好自己與上司之間的關係是頭等大事，人人都希望遇到一位會說話、好相處、通情達理的好主管，這樣上下級關係會比較融洽，至少不會讓自己的工作難做。其實，好的上下級關係並不單單由上司的情商高低所決定，下屬也可以運用自己的智慧將你們的關係維持在一個熱度剛剛好的範圍。

高情商的下屬，首先會瞭解上司的性格特點和脾氣秉性。上司雖然是領導者，但他也是一個人。作為一個人，有自己的性格、愛好、言語習慣等。有些上司性格爽快、乾脆，有的則沉默寡言，做事謹慎周到——你必須清楚瞭解，並在說話時適當地迎合一下主管的性格特點。

總體而言，**上司可以分為「讀者」和「聽者」兩大類**。

對喜歡當「讀者」的上司，你談得再多也只是浪費時間。他只有在讀過資料之後，才能獲取你所提出的建議；對喜歡聽取口頭彙報的上司，如果你向他提交一份長篇報告，那只是浪費時間，因為他更願意聽取你的口頭彙報，從中抓出問題的核心。

所以，作為下屬的你在彙報工作前一定要瞭解，上司是希望你簡明扼要地彙報，還是事無鉅細都要瞭解？他是想要你提交一份詳盡的書面報告，還是口頭陳述？甚至有時還應考慮，在什麼時候向上司彙報更合適。

美國總統布希就比較中意康朵麗莎．賴斯（Condoleezza Rice）的做事方式，因為賴斯知道布希不喜歡長篇大論，所有的報告只要一頁，因此賴斯只要把資料整合一下，就可以向布希彙報。

如果你是一位善於觀察的高情商下屬，還得花時間瞭解上司的目標、壓力和優缺點。比如，上司的個人目標是什麼？工作目標為何？面臨著哪些壓力（尤其是來自他的上司和同級經理的壓力）？他的長處、短處各是什麼？工作方式又是什麼？以及他希望別人的工作方式？

上司也有他的優點和弱點——哪些事情他處理起來得心應手、遊刃有餘？哪些方面他希望得到下屬的支持和協助？清楚瞭解這些，你才能做到心中有數，做起工作來才會更好地發揮自己的作用。比如，如果你的上司精通市場業務，而對財會工作卻不甚瞭解，那麼你可以為上司事先做好仔細的財會分析，藉此幫助他做出正確的決策。

當然，在影響上司的過程中，還應該注意一些方法。說話做事要有分寸，既要幫助上司解決困擾，也須注意不要使上司對你產生危機感，不能隨便揭露上司的祕密，也不要混淆上下級之間的界線。

第二次世界大戰期間，史達林在軍事上最倚重的人有兩個：一個是軍事天才格奧爾基・朱可夫（Georgy Zhukov），另一個是蘇軍大本營的總參謀長亞歷山大・華西列夫斯基（Aleksandr Vasilevsky）。

史達林唯我獨尊的個性使他不允許有人比他高明，更難以接受下屬的不同意見。在二戰期間，史達林的這種過分自我尊嚴感曾使蘇聯紅軍大吃苦頭，遭到了不可估量的損失和重創。一度提出正確建議的朱可夫，被史達林一怒之下趕出了大本營。但有一人例外，他就是華西列夫斯基，他往往能使史達林在不知不覺中採納他正確的作戰計畫，從而發揮巨大的作用。

華西列夫斯基的進言妙招之一，就是潛移默化地在休息時間施加影響。在史達林的辦公室裡，華西列夫斯基喜歡與史達林海闊天空地「閒聊」，往往還會「不經意」地隨便說說軍事問題，既非鄭重其事地大談特談，也不是講得頭頭是道。由於受到啟發，等華西列夫斯基走後，史達林往往會想出一個好計畫。過不了多久，史達林就會在軍事會議上宣布這一計畫。[18]

華西列夫斯基在和史達林交談時，有時會故意犯一些錯誤，給史達林製造糾正錯誤的機會，然後華西列夫斯基會把自己最有價值的想法含混其辭地講給史達林聽，由史達林形成完整的戰略計畫並公開宣布——當時史達林的許多重要決策就是這樣產生的。

華西列夫斯基就是靠與領導者之間的隨意交流，逐步啟發、誘導著史達林，使自己的種種想法得以實現，以至於連史達林本人也認為這些好主意是他自己想出來的。

就這樣，華西列夫斯基成了史達林不可或缺的得力助手，在二戰期間發揮了巨大的，甚至是無可替代的影響力，其手段不可謂不高明。

作為下屬，你的某些好想法可能最後會變成上級的決定並且多數以他的名義發出，這種情況已經相當不錯，因為你的目的已達到。千萬不要到處宣揚這是你的主意，更不要因此而憤憤不平。

如果讓上司覺得你總是在給予他，他離不開你，那麼你可以猜想，自己和上司的關係是不可能融洽的，因為上司會認為自己沒有了尊嚴、安全感。此時，唯有高情商的下屬才能改變這種局面，要讓上司真切地感覺到，你的優秀是因為他的存在。

當你和上司產生矛盾之後，一定要想辦法盡快彌補。如果是誤會，要趁早解釋清楚；倘若是分歧，應盡可能達成一致。事實證明，如果硬碰硬，最終倒楣的多半是你而不是上司。

成功處理好自己與上司關係的標準，就是看你**能否和上司形成「魚水情」**。魚因水而存活，水因魚而顯得有靈氣。當你是「水」時，不要認為「魚」離不開你，由此而居功自傲；當你是「魚」時，切莫覺得「水」需要自己才能顯出靈氣。達到這個境界之後，你就可以引導上司有效地完成自己想做的事情了。

除此之外，為了影響上司，你還要讓上司真正地瞭解你。只有這樣，他才能掌握哪些任務是你力所能及，哪些是你的強項，什麼是你不擅長的。畢竟上司也要對自己下屬的工作負責，只有充分瞭解你，他才能放心地把任務交給你。在某些關鍵的時候，上司才可以有把握地說：「我知道他能做好這項工作。」所以，請一定要相信，作為一個高情商的下屬，你絕對能影響上司的領導，提高團隊的情商。

「愛情保鮮」法則：累了倦了就說出來

在夫妻的相處過程，有的人不願意向另一半表露自己的糟糕情緒，或是出於不想讓對方擔心的好意，甚至是怕表現出來有損自己在對方心目中的好形象，還有的人是不想自己表露而是等對方來發現。

其實，掩飾自己的情緒是最不理智的一種情緒管理方式。**你越掩飾，情緒反擊得越強烈**。接著，來看看以下故事就能瞭解：

當妻子從公司回到家時，她的肩都累得要塌下來了。進門看見丈夫正坐在沙發上看報紙，妻子懶得多說話，無精打采地開始洗米、摘菜。

當鍋裡的油開始沸騰時，丈夫蹭到妻子背後，笑著說：「我們公司……」沒想到妻子突然打斷丈夫的話，大喝一聲：「走開！」丈夫嚇得不輕，打算發問卻見妻子臉色不佳，只好把話咽下去。

接著，妻子開始重重地摔盤扔碗，見丈夫在廚房門口站著，又甩出一句：「就知道吃！」丈夫覺得妻子無事生非，於是一場爭吵就此開始。最後丈夫披上外套摔門而去，妻子則扔了鍋鏟坐在沙發上拭淚。[19]

其實，妻子平時是樂於做晚飯的，可這一天她實在太累了。而一貫賢淑的她不會一回家就叫「餓死我啦！累死我啦！老公快做飯！」她隱忍著，繼續扮演賢淑的主婦角色，也就是壓抑自己的不滿情緒，但最終怨氣還是突然爆發出來了。

如果妻子願意向丈夫坦白她的難處，請求丈夫過來做幫手或主廚，她心中的怨氣也就沒有了。丈夫只覺得「走開」刺耳，卻沒洞察到妻子隱藏在這兩個字背後的真實需要。其實丈夫不是不願做，是不知道今天很需要他做。如果妻子把「就知道吃」換成「我很累，親愛的，你能幫我一把嗎？」只要這麼簡單的一改，局面肯定就變成另外一種樣子了。

一個高情商的人是不會去掩飾情緒的，而是會主動積極地管理自己的情緒。想要管理情緒，就須先瞭解情緒。情緒具有兩極性，比如：積極和消極、緊張和輕鬆、激動和平靜等。積極和消極的情緒是情緒兩極性的典型表現——積極、愉快的情緒會激發人們工作的熱情和潛力，使人充滿信心，努力工作；消極情緒如悲傷、鬱悶等，若不適時疏導，輕則敗壞情致，重則使人走向崩潰。

對於人來說，同一種情緒也可能同時具有積極和消極作用。比如，恐懼會使人緊張，抑制人們行動，減弱人的正常思維能力，但同時也可能激發他的潛力，促使他向危險挑戰。

緊張和輕鬆是情緒兩極性的另一種重要表現——緊張總是在一定的環境和情景下發生，比如某些客觀情況賦予人需要的急迫性、重要性等，人們在這種時候就極易產生緊張情緒。當然，緊張也決定於人的心理狀態，比如腦力活動的緊張性、注意力的集中程度、活動的準備狀態等。

一般情況下，緊張能對人活動的積極狀態產生顯著影響。它能引起人的應激反應，產生對活動有利的一面。但過度緊張則可能出現厭惡、抑制心理，並導致其行為的瓦解和精神疲憊，甚至崩潰。

情緒的兩極性還可以表現為激動和平靜——爆發式的激動情緒強烈而短暫，如狂喜、激憤、絕望等；而平靜的情緒狀態在人的日常生活中占據著主導地位，人們就是在這種狀態下從事持續的智力活動。

一般狀況下，情緒的兩極性表現為肯定和否定的對立性質。比如，滿意和不滿意、愉快與悲傷、愛和憎等。而每兩種相反的情緒之間又存在著許多程度上的差別，具體表現為情緒的多樣化形式。

雖然兩種情緒處於明顯的兩極對立狀態，但它們仍可以在同一事件中同時或相繼出現。例如，兒子在保衛祖國的戰爭中犧牲了，父母既有著英雄為國捐軀的榮譽感，又深切感受著失去親人的悲傷。

每個人都有情緒，只有瞭解情緒，才能管理並控制，發揮其積極作用。而快樂生活、工作，是情緒管理的目標。

愛情保鮮法則，開始於真正理解，發展於觸及實質的交流，結束於以愛回報的互助。靜思一下，不難發現有些時候將你的壞情緒或者好想法在合適的時間告訴另一半，壞情緒就能被紓解而不會影響夫妻感情；好的想法也會被對方欣然接受，而不是隨口否定惹得雙方不開心。

那該如何表達你的壞情緒和好想法才能起到愛情保鮮的作用呢？以下六條「愛情保鮮法則」，可以給你帶來一些幫助——

❶晨起提意見

常言道：「一日之計在於晨。」為了新的一天裡更好地生活和工作，夫妻倆可以在起床後進行一些簡單交流，有什麼意見和看法，在上班前提出來最適宜。

❷回家展幽默

一天的辛苦工作之後，夫妻雙方都很疲憊，有時還會把工作壓力帶回家，此時難免心情不好。所以，夫妻二人回家初碰面的那一刻，不應是發洩的時候，而是「營造氣氛」的時機，為整晚營造一份好心情。

❸吃飯尋開心

餐桌上，是夫妻二人最好的交流地點。吃晚飯時，夫妻最好在飯桌上談些開心的事，來沖淡一天的焦慮和煩躁。愉快的心情可以增加食慾，消除一天的疲憊，增進彼此的瞭解，這對於特別忙的夫妻更為適用。

❹飯後做家務

飯後，夫妻倆應共同收拾、洗涮一番。邊做家務邊聊天，是夫妻間最好的一種交流方式，既是「男女搭配，幹活不累」，又很好地交流了夫妻情感，表示出丈夫對妻子的尊重和妻子對丈夫的體貼。

❺電視要休息

如今電視頻道越來越多，如果進行「長期作業」，就減少了夫妻間言語、心理和思想上的交流。所以，當夫妻倆看完一個精彩的電視節目之後，最好來個「中場休息」，轉換到「夫妻頻道」，關上電視，兩口子當一回「節目主持人」，來一場「閒扯淡」。

❻睡前多讚美

入睡之前，對愛人的讚美無疑是一首動聽的「催眠曲」。想一想，愛人在這一天中，做成了哪些事，有什麼不凡的表現，這時認真地總結出來，給予讚美，可舒筋活絡、鬆弛神經，一夜好眠。

學會給人「戴高帽」

包汀火車廠董事長撒慕爾．華克萊曾說過：「假如你尊重一個人，那在一般情況下，這個人是很容易誘導的，尤其是當你表現出你尊重對方是因為他有某種能力時。」一總之，你若要在某方面改變一個人，就把他看成已經具有了這種傑出的特質。莎士比亞曾說過：「假如你沒有一種德行，就假裝你有吧！」更好的是，公開假設或宣稱對方已有了你希望他有的那種德行。[20]

有一位婦女抱著小孩上火車，由於人多，他們上車後位子上已坐滿了人。但是，這位婦女旁邊，有一位年輕的小夥子正躺著睡覺，一個人占了兩個人的位子。孩子哭鬧著要座位，並用手指著那個男青年，想讓他把座位讓給自己。誰料，那個男青年卻假裝沒聽見，依舊躺在那裡睡覺。這時，那位婦女用故作安慰的口吻對孩子說：「這位叔叔太累了，等他睡一會兒，就會把座位讓給你的！」聽了媽媽的話，小孩也沒再說什麼了。

幾分鐘後，那個男青年一副似乎剛剛睡醒的樣子，然後站起來，客客氣氣地把座位讓給了母子倆。[21]

小孩子單純地索要，男青年並沒有讓座，而媽媽一句安慰，卻贏得了男青年主動且客氣地讓座。這是為什麼呢？要知道，這位婦女之所以能成功，妙就妙在她順勢制宜，對那位男青年採取了尊重「禮讓」的方法，給他設計了一個「高尚」的角色：他是個善良的人，只是由於過度勞累而無法施善行——趨善心理使得小夥子無法拒絕扮演這個善良的角色。

正如《三字經》裡有句話：「人之初，性本善。」從廣義的角度而言，是說一個人在進入新領域時，都是抱著一種善良、美好的行為去工作、學習、交友等，後天的生活習慣和環境變化才造成了人各種行為的差異，導致背離「善」的現象。

作為這個星球上最有智慧的生物，我們每個人都在內心將自己理想化，喜歡為自己行為的動機賦予一種積極向上的解釋——這就是為何大家都希望聽到誇獎，而不是貶低。也正因如此，我們可以透過賦予他人高尚的動機，實現改變、影響對方的目的，如同以下例子：

某房屋租賃公司有一位房客在租約尚有四個月的情況下，恫嚇要搬離公寓。按當時規定，那間公寓每個月的租金是人民幣五五〇元，可是房客聲稱立即就要搬，不管租約那回事。

當時是淡季，如果房客立即搬走，房子是不容易租出去的。對於租賃公司來說，兩千兩百元就不翼而飛了。

租賃公司的很多員工都認為，此時應該找那個房客談談，要他把租約重念一遍，並向他說明：「如果現在搬走，那四個月的租金仍須全部付清。」可是，有個聰明的員工卻採取了另外一種辦法，他對房客說：「先生，我聽說你準備搬家，可是我不相信那是真的。我根據自己多方面的經驗來推斷，看出你是一位說話講信用的人，而且我可以跟自己打賭，你就是這樣的一個人。」房客靜靜地聽著，沒有特別的表示。

員工接著又說：「現在，我的建議是這樣的，將你所決定的事先暫時擱一邊，不妨再考慮一下。從今天起，到下個月一號應繳房租前，如果你還是決定要搬的話，我會答應，接受你的要求。」他把話頓了頓，繼續說道：「那時，我將承認自己的推斷完全錯誤。不過，我還是相信，你是個說話有信用的人，會遵守自己所立的合約。因為，到底我們是人還是猴子，那就在於自己的選擇了。」

很多人想不到的是，到了下個月，那位房客主動來繳房租了。他還告訴該名員工，跟太太商量後，決定繼續住下去。他們認為，最光榮的事，莫過於履行租約。

不難看出，想達到改變他人的目的，你不妨找一頂實現這件事能表現出的高尚帽子，然後恭敬地戴到對方頭上，很少有人會拒絕的。比起以批評甚至辱罵的方式來強迫別人做事，這種方法顯然更加完美。

男人也需要被讚美

不要以為甜言蜜語只能從男人口中說出來，女人也應該不失時機地對男人說一些讓他高興的話。因為無論男人還是女人，都需要心靈的滋養，只不過女人說甜言蜜語的方式與男人要有所區別。

許多婚姻專家認為，在處理夫妻關係時，如果你真正愛對方，有時對一些特定的想法和感受反倒要祕而不宣，甚至要說點甜蜜的謊言，如同以下：

一位個子不高的丈夫問妻子：「妳是否希望我是個又高腿又長的男人？」妻子如果照實回答肯定會傷他的心，因為身材矮小是天生的，無法補救。所以妻子可將事實修飾一番後再來回答丈夫。她可以說：「如果我真想找高個子，早就和那樣的男人結婚了。而實際上並非如此，我嫁給了你，我就要你這樣的。」

這樣回答肯定會讓丈夫滿意，因為妻子強調了她更愛丈夫所具有的比「腿長個高」更有意義的特質——而這一句話將女人的溫柔體貼體現得淋漓盡致。

每天對自己所愛的人多說幾句好聽的話吧，不要覺得害羞。如果幾句甜言蜜語就能使丈夫高興，那麼讓彼此的關係更親密不是很簡單的事情嗎？可試著這樣做——

- 另一半去進修，可以告訴他：「妳很愛他這種好學不倦的精神。」
- 他參加了義務團體，可以告訴他：「能把時間運用在理想的目標上真好。」
- 丈夫和孩子們玩耍，可以告訴他：「孩子能有他這麼一位爸爸真是太幸運了。」
- 倘若另一半說話很逗趣，可以告訴他：「妳欣賞他的幽默感。」
- 如果丈夫擅長說恭維的話，可以告訴他：「能擁有這麼一位善解人意的丈夫真是福氣。」
- 假使伴侶很愛說話，可以告訴他：「聚會中有他才有生氣，他是聚會的生命。」
- 如果另一半不愛說話，可以告訴他：「他真是一位難得的聽眾，為妳帶來了無比的安寧與平靜。」
- 倘若丈夫總是在外面和朋友玩到很晚才回家，妳可以對他說：「晚上，你不在家裡我會害怕。」這一句話既滿足了丈夫作為家庭保護神的虛榮心，也表達了妳對他的依戀之情，同時還委婉地暗示了妳深愛著他、生怕他被別的女人搶走的心理。

如果妳總是在他耳邊說著這樣的甜言蜜語，任何男人都會為之動容，愛妳的人也會更加愛妳。不要認為只有女人愛聽甜蜜的話，男人也是一樣，讓他感受到妳的愛意，他會更加疼愛妳。

不過，雖然含蓄的方法能滋生出浪漫的情調以增進彼此的感情，但用起來也須注意措辭，彎子拐得太多太隱晦就不好了，最好能使用那種大家都能聽明白的方式說出來，且最好是用在關係穩定持久的情侶或夫妻之間，會比較討巧而不討嫌。但倘若你無論見到任何異性都用此招，那就極有可能被人當作一個濫情的水性楊花之人！

人們都說女人是用耳朵來生活的，讚美是女人生命中的陽光。然而，男人也一樣，同樣喜歡聽到他人對自己的肯定和讚美，因為這會讓他們產產生價值感，並因此充滿自信。可以說，恰到好處的讚美是打在男人身上的一劑強心針。

如何贏得男人的愛，怎樣才能讓男人對妳死心塌地，這是一門藝術，是一門需要用良好的口才去細心經營的藝術。女人都希望自己的愛情之樹常青，那麼請不要吝惜妳的甜言蜜語，向另一半大膽地說出妳的愛吧！

Chapter

5

「說出口的話」比放心裡的，多一件衣服

給人溫暖的說話，能讓交情深一點

多用「建議」，少「下命令」

任何人都是有自尊、講面子的，所以在說服他人的過程中，多用與對方商量的口氣給他建議而少下命令，這樣不但能避免傷害別人的自尊，且會使他覺得你平易近人，進而樂於接受你的建議，與你友好地合作。

美國著名人際關係學大師卡內基在其講座中曾提到關於「石油大王」約翰．洛克菲勒的助手司華伯的一個故事：

某天中午，司華伯偶然走進他管理的一家鋼鐵廠，看到幾個工人正在「禁止吸菸」的牌子下吸菸。這個時候，司華伯完全可以指著那面牌子對工人們吼：「你們難道不識字嗎？」但是他並沒有這麼做。

司華伯走到那些工人面前，拿出菸盒，給他們每人一隻雪茄並且說：「嗨，弟兄們，別謝我給你們雪茄，如果你們能到外面抽菸，我就更高興了。」那些工人們也意識到了自己的錯誤，乖乖地收起雪茄幹活去了。

從此之後，這些工人們更加喜歡司華伯，工作起來也更加賣力了。是啊，看到他們犯錯，司華伯非但沒有當面責備，而且還遞給他們每人一隻雪茄，像這樣的人，你能不

喜歡他嗎？22

在工作中，我們經常需要他人幫忙。如果你是領導者，在要求下屬為自己做某些事情或下達任務時，發號施令更是一件很常見的事情。可是，怎樣說話才能讓別人樂於積極、主動、出色、創造性地去幫助你完成工作呢？

一些情商不高的人經常這樣說：「小李，把這份文件趕出來，必須盡你最快的速度。如果明天早上在我的辦公桌上沒有看到它，我將……」或者這樣說：「你怎麼可以這樣做？我說過多少次了，可你總是記不住。現在把你手中的事停下來，馬上給我重做……」類似這種強硬命令式的話，別人一定會面色冰冷地拒絕，或者極不情願地去完成它，而不是做好它。

可是，等工作交上來後，你大為失望，不禁有些生氣：「好了！看來你只是個平庸、毫無創新意識的人！我對你期望很高，可你總是表現得令人失望！就憑你這個樣子，永遠也別想升職……」這樣，你與他的關係完完全全地進入了一種「惡性循環」。

如果換一種說話方式呢？結果可能就會不一樣了——「小李，這份資料我有急用，麻煩幫個忙，盡快趕出來，好嗎？」相信這份尊重會促使小李就算加班也毫無怨言，一絲不苟地完成它。

尊重他人就是尊重自己，所以一定要多用「建議」，而不用「命令」。這樣，你不但能使對方保有自己的人格尊嚴，而且能使其積極主動、創造性地完成工作。即便是你指出了他工作中的不足，對方也會樂於接受和改正，與你合作。來看看以下例子，你就能瞭解：

傑克是一家小型加工廠的經理，有一次，一個客戶送來一張大訂單。可是，工廠的作業已經安排滿了，而訂單上要求的完成時間，短得使他不太可能去接受它。

可是，這是一筆大生意，機會太難得了。傑克並沒有直接下死命令，要求工人們加班來趕這張訂單，他只是把全體員工召集在一起，說了具體的情況，並向他們說明，假如能準時趕出這張訂單，對他們的工廠會有多大的意義。

「我們有什麼辦法來完成這張訂單嗎？」

「是否有人有別的辦法來處理它，使我們能接這張訂單？」

「有沒有別的辦法調整我們的工作時間和工作分配，來幫助整個工廠？」

工人們提供了許多意見，並堅持接下這張訂單。他們用一種「我們可以辦到」的態度來對待這張訂單，並且如期完成了。[23]

待人溫厚一些，多用商量的語氣，就能夠**把你「要他做的事情」變成「他要做的事情」**。所以，說服他人時，最好別用命令口吻，否則非但達不到你想要的說服效果，還可能使事情越弄越糟；多使用建議口吻，人們就會認為自己被尊重了，會更樂意配合你的工作，而不是反抗你。

永遠別對人說「你錯了」

我們總是傾向於認為自己是對的，尤其是當與人意見相左的時候，很少人能夠愉快地認同別人的觀點。但是，我們真的一直是對的嗎？美國前總統希西奧多．羅斯福曾公開承認，他對自己判斷正確率的最高期望是七五％。如果連羅斯福總統的判斷正確率都只有七五％，那我們普通人又該當如何呢？

卡內基曾開玩笑地說：「如果你確定你的判斷準確率能達到五五％，就可以到華爾街去日進斗金。倘若不能確定自己的判斷是否有五五％是對的，那憑什麼去指責別人『你錯了』？」況且，對方絕不會因為你指出了他的錯誤，就同意你的觀點——換了你，你也不會！因為你的做法無疑已經傷害了對方的智力、判斷、榮譽和自尊，這個時候就已經不是單純的是非對錯的問題了。接著，跟各位分享這個故事：

有一次，大衛請了一位室內裝潢師設計家中的窗簾，但是等設計完成之後，大衛才發現這個窗簾的費用實在貴得有點驚人。

幾天之後，有一個朋友來大衛家玩，一眼就看到了大衛家裡的新窗簾，便隨口問了下價錢。當大衛把窗簾的價錢告訴那位朋友之後，朋友和剛收到帳單時的大衛一樣吃驚：「什麼？別嚇人！我想你是受騙了！」

他說的是實話，大衛本人也認同這一點，但是聽到這樣的論斷還是很不舒服，為了不讓自己顯得像個容易受騙的「冤大頭」，大衛開始為自己辯解，提出一分錢一分貨、便宜非好貨等道理。當然，兩人爭得面紅耳赤也沒爭出結論來。

第二天，另一位朋友來訪，與第一個朋友不同的是，他對那些窗簾讚不絕口，還說自己要努力工作，爭取也能夠買得起這麼漂亮的窗簾。這個時候，大衛的態度卻和昨天截然不同：「啊，老實說，這個窗簾我買貴了，真後悔沒先問好價錢，似乎感覺我受騙了。」

當我們犯錯的時候，也許會私下承認。當然，假如別人的態度委婉一些，也會向對方承認自己的錯誤。但是，如果對方過於直接，讓你感到很難堪，這種情況下，是非對錯就要讓位於「尊嚴之爭」了。

由此得出結論，**如果過於直率地指出別人的錯誤，再好的意見也不會被對方接受**，甚至會受到很大的傷害。因為你剝奪了別人的自尊，也讓自己成為了討論中不受歡迎的人。所以，千萬別對人說「你錯了」，更不要一開始就宣稱「我要證明給你看」。因為這樣的做法無疑是在告訴別人：我比你聰明，而你是個一無所知的大笨蛋——在這種情況下，能夠避免一場衝突就很難得了，要想改變對方的觀點根本無從談起。

確實，正氣凜然地說出「你錯了」是一件非常過癮的事情，而強忍著不糾正別人的錯誤也會讓人很憋屈。但是，如果連這點克制情緒的能力都沒有，那麼情商和社交商又從何談起呢？畢竟，那只能弄巧成拙，平白無故給自己添麻煩。

如果你想證明什麼，別讓任何人知道，而且應不著痕跡，很講究技巧地去做。正如詩人亞歷山大．波普（Alexander Pope）所說：「你在教人的時候，要像若無其事一樣，將事情不知不覺地提出來，如同被人遺忘一般。」

既然我們不可能比蘇格拉底更加聰明，那麼從現在開始，不要再說「你錯了」。即使你認為有些人真的錯了，也應該這樣講：「啊，慢著，我有另一個想法，不知對不對。假如我錯了，希望你能糾正我，讓我們共同來看看這件事。」這一表述方法確實很妙，尤其是這句話傳達了這樣的訊息：「我可能不對，讓我們一起來尋找正確答案吧。」沒有人會反對這樣的提議。

切記！不要和任何人發生衝突。當你想要糾正別人的錯誤時，第一要做的是——千萬別說「你錯了」。別指責他們的錯誤，因為那只會惹人動怒，把問題從「是非」引向「尊嚴」。如果非得與人發生對立，至少你得運用一點技巧。

無理要求，這樣拒絕

俗話說：「有理走遍天下，無理寸步難行。」不過，在現實生活中，我們卻總會遇到一些無理的要求。很多時候，這些要求會讓人不知所措。盲目答應當然不行，因為這會導致自己心生委屈而產生消極能量，影響辦事效率；嚴厲地拒絕也非最佳之選，因為這會引起雙方的矛盾，阻礙彼此之間的溝通。

那麼，怎樣才能解決這個棘手的問題呢？下面兩種解決方式可以使你既能拒絕對方，又不惹惱他，是處理這類難題的首選——

❶採取「略地攻心」的方法，讓對方主動放棄

一位語文老師的弟弟因為一場糾紛被人告上了法庭，而接案的法官恰恰是她昔日的

得意門生。一天晚上，這位老師前往學生家，希望他能念在師生的情面上，幫幫她弟弟。這位學生顯然有些為難，既不能枉法裁判，又不能得罪恩師。於是，他說：「老師，我從小學到大學畢業，您一直是我最欽佩的語文老師。」

老師謙虛地說：「哪裡哪裡，每個老師都有他的長處。」學生接著說：「您講課抑揚頓挫，聲情並茂。尤其是上《葫蘆僧判斷葫蘆案》那一堂課，至今想起來仍記憶猶新。」

老師很快就進入了她教師的角色：「我不僅用嘴在講，也是用心在講啊。薛蟠犯了命案卻逍遙法外，反映了封建社會官官相護、狼狽為奸的黑暗現實。」

學生接著感嘆道：「記得當年老師您講完這一課，告誡所有學生，以後不論誰做了法官，都不能做『糊塗官』，判『糊塗案』，學生一直以此為座右銘呢。」

本來這位語文老師已設計好了一大套說辭，但聽到學生的這番話，再也不好意思開口了，自動放棄了不合理的請求。

這位學生用的就是「略地攻心」的技巧，先用一句恭維的話，給老師戴一個「高帽」，讓其心理上獲得滿足，接下來又順著老師的話提出自己的看法。這時，老師為了對自己說過的話負責，要維護身為教師的尊嚴，不得不放棄了自己的請求。

❷採用「類比」的方法來反駁對方

A公司的經理在一次業務談判中受到了B公司談判人員的頂撞。為此，他氣沖沖地找到B公司的經理，吼道：「如果你不向我保證，撤銷上次那個蠻橫無理的談判人員的職務，就是沒有誠意和我公司達成協議！」

B公司的經理聽了微微一笑並說：「對於談判人員的態度問題，是批評教育還是撤職處理，完全是我們公司的內部事務，無須向貴公司做什麼保證。如同我們並不要求你們的董事會一定要撤換與我們公司談判人員有過衝突的經理之職務，才算是你們具有與我們公司達成協議的誠意一樣。」

怒氣沖沖的A公司經理頓時啞口無言。在這裡，B公司經理巧妙地運用了類比的技巧。雖然說這兩家公司有很多不同之處，但有一點卻是相似的，即兩家公司對發生衝突的經理或談判人員的處理完全是各公司的內部事務，與有沒有誠意合作無關。前者屬於過分曲解事實，想要故意混淆視聽，攪亂後者的思路；但是，後者保持著頭腦的清醒，沒有上當。

在與他人溝通的過程中，我們總會遇到提出無理要求的人，這時須保持清醒的頭腦，不要被對方攪得思路大亂，或者一時心軟就答應對方，日後又後悔不已；要理智地分析事情的重要性，堅持立場，我們就可以條理清晰地表達出自我的觀點，從而使自己在人際交往中處於有利的地位上。[24]

批評如同刮鬍子，要先塗層肥皂泡

嚴苛的批評是無益的，它只會迫使被批評者在心理上採取防衛措施，使他刻意地為自己的行為尋找合理的解釋。批評就像是個危險的火星塞，足可引爆人們心中的虛榮與自尊，甚至引發更嚴重的後果。

我們知道，並不是所有批評都可以達到批評的目的，只有被對方從內心接受的批評才能生效。這就意味著，**雖然批評是有道理的，但並不等於一定能被對方接受**，因為批評通常不是在心平氣和中進行的。

其實，人的心理需求都是一樣的，渴望被周圍人尊重的心理特別強烈，而對於被人輕視都表示非常厭惡。所以，情商高的人在批評別人時就會特別細心地照顧到對方的這種感受，比如採取先讚美後批評的方式。

美國第三十任總統卡爾文·柯立芝剛上任時，聘用了一個女祕書協助他。這位女祕書年輕漂亮，但是工作中卻屢屢出問題，不是字打錯了，就是時間記錯了，給柯立芝造成很大的困擾。

有一天，女祕書一進辦公室，柯立芝就誇獎她的衣服很好看，盛讚她的美麗，女祕書受寵若驚，但是柯立芝接著說：「相信妳的工作也可以像妳的美貌一樣，都能做得很漂亮。」

果然，從那天起女祕書的公文就沒再出過錯，身旁的其他員工好奇地問總統：「你這個方法很巧妙，是怎麼想出來的？」

柯立芝淡淡一笑地說：「這很簡單，你看理髮師幫客人刮鬍子之前，都會先塗上肥皂泡，塗肥皂泡的目的是使人刮起來不會感覺痛，我不過就是用了這個方法罷了！」[25]

柯立芝先讚美女祕書的漂亮衣服給她一個喜悅的心情，然後再巧借對比說出希望她把工作也做得如此漂亮的要求。這樣一來，柯立芝就巧妙地將他對工作的嚴格要求委婉地傳達給女祕書。自尊心並沒有受到傷害的女祕書自然會心甘情願地、不帶任何抵觸情緒地接受了。

既然塗上一些肥皂泡，刮起鬍子來才不會痛，為何不在批評之前先給對方塗上一些「肥皂泡」呢？

假如一個認真負責的好工人變成了粗製濫造的差工人，你會怎麼做？可以解雇他，但這並不能解決任何問題。你能責罵那個工人，可這只會引起怨懟。最聰明的做法是——先談論他以前的出色表現，然後再指出現在的問題，讓對方覺得你對他仍抱有很高的期望，激起他奮起改進的決心。

亨利．漢克是印第安那州洛威市一家卡車經銷商的服務經理，公司裡有一個叫希爾的工人，他的工作品質每況愈下。但漢克沒有對他吼叫或威脅，而是把他叫到辦公室裡，與他進行了一次坦誠的談話。

漢克說：「希爾，你是個很棒的技工。你在這裡工作也有好幾年了，你修的車子顧客都非常滿意，有很多人稱讚你的技術好。可是最近，你修好一輛車子所需的時間變長了，而且品質也比不上以前的水準，也許我們可以一起來想個辦法解決這個問題。」

希爾老實回答說，他最近在工作上確實有些懈怠，所以沒有盡到職責，但他向上司保證，接下來一定改正，不再讓上司失望。26

這位工人會認真起來嗎？答案是肯定的。他曾經是那麼優秀，沒理由不將這種優秀繼續下去。當你給對方一個美名，他會自覺地檢討自己的行為是否符合這個美名，從而加以改進。這種方式的批評非但不會令對方難堪，反而會使他樂意做出改變。

在批評他人時，如果語氣委婉，被批評者就比較容易接受——因為對方認為你的委婉是給他面子，所以會在感激之餘積極地改正缺點；反之，如果批評者語氣生硬，對方會認為你傷了他的自尊，進而心生反感，這樣的批評多半達不到目的。

只意會、不言傳的拒絕，讓情誼更濃

不論是在職場還是在生活中，熱情幫助別人，對他人的困難有求必應，肯定有助於建立融洽的人際關係，但經常會發生這樣的狀況——別人求助於你的恰恰是令你感到為難的事。幫忙，自己確實有難處；不幫忙，又怕人家說你閒話。還有的時候，你必須回答別人的提問。一般來說，肯定、合乎對方期望的回答往往能使提問者感到愉快，而否定的回答，尤其是直截了當地說「不」，則會使提問者感到失望和尷尬。由此可見，說「不」需要很大的勇氣。

拒絕是一門藝術、學問，能體現一個人的綜合素養。當別人對你有所求而你又辦不到，不得已要拒絕時，最好用婉言拒絕的方式。與直接拒絕相比，婉言拒絕更容易被人接受，因為它在更大程度上顧全了被拒絕者的顏面。

「國民勵志女作家」咪蒙在教大家如何高情商地好好說話的文章中，就提到了「包裝」拒絕的一個絕招——**拒絕別人，可以先自責**：

比如很多人找我約稿，我會說：「我人品特別差，是個超級拖延狂，經常放鴿子。我對你最負責任的做法，就是不接這個稿子，真的，請諒解。」別人只好說：「好吧，那以後有機會再合作。」

在對方提出請求後，不要馬上回答，而是先講一些理由誘使對方自我否定，自動放棄原來提出的請求，以減少對方遭到拒絕後的不快。咪蒙的這一拒絕方法確實方便好用，值得我們每一個人借鑒。再來，還有以下例子：

兩個打工的老鄉找到在城裡工作的李芳，訴說打工的艱難，一再強調賓館住不起，租房又沒合適的，言外之意是要借宿。李芳聽後馬上帶著愁悶的神情暗示說：「是啊，城裡比不了咱們鄉下，住房可緊了。就拿我來說吧，這麼兩間耳朵大的房子，住著三代人，我那上高中的兒子，晚上只得睡沙發。你們大老遠地來看我，本該留你們在我家好好地住上幾天，可是現實條件卻不允許啊。」兩位老鄉聽後，就非常知趣地走了。

拒絕別人，如果處理得不好，很容易影響彼此的關係，所以拒絕時最好繞個彎說出你的「不」。人都是有自尊心的，一個人有求於別人時，心裡難免會惴惴不安，倘若你一開口就說「不行」，勢必會傷害對方的自尊心，引起對方強烈的反感。如果不明說但話語中讓他感覺到「不」的意思，從而委婉地拒絕對方，就能收到良好的效果。所以，掌握好說「不」的分寸和技巧就顯得很有必要——

- **藉由幽默的話拒絕別人**

在拒絕別人的時候加入一些幽默，不僅不會讓對方感到難堪，而且你心裡也不會有太多的壓力和內疚。

- **藉故推託**

一位同事想請你到他家吃飯，以便求你幫個忙，你不便直接說「不」，就找個理由推辭——可以說家裡有事不能去。這時，通常別人便會明白你的意思了。

- **用答非所問的方式，婉拒對方的建議**

一位朋友邀請你星期天去看電影，你不想去時可以回他說：「划船也不錯，咱們去公園划船吧。」這樣一來，對方一聽就知道你不想答應他的邀請。

・拖延回答

一位老鄉對你說：「你今晚到我這來玩吧！」不想去時可以說：「今天恐怕不行了，改天我一定會去的。」這樣的話聽起來比「沒空，去不了」的回答，更易於被對方接受。至於下次什麼時候來，其實也沒說清楚。

・先揚後抑

對於別人的一些想法和要求，可以先找出其中你同意的部分加以肯定，再表達反對意見，這樣既不會傷害對方的感情，也能將自己的想法表達出來。

批評不公開，效果更好

法國文學家伏爾泰曾說過：「自尊心是一顆膨脹的氣球，戳一針就會引發大風暴。」我們避免社交風暴的最佳策略之一，則是幫別人看住面子。**每給別人一次面子，就可能增加一個朋友；每駁別人一次面子，則可能創造一個敵人。**

每個人難免有犯錯的時候，且都有可能在公開場合犯一些愚蠢的低級錯誤。面對這種情況應該怎麼辦？是當場指出別人的錯誤，還是先忍下，在私底下指出來？作為討人喜歡的說話方式，私下指出應是上策。

在別人犯的錯誤比較嚴重時，我們應該以私下談心的方式委婉指出，急風暴雨不如和風細雨；當場訓斥不如私下平心靜氣地指出問題、解決問題。只有擁有一顆寬容的心，別人才能感受到你的真誠，在指出他們錯誤時才會心悅誠服地接受。

指出錯誤多是發生在角色地位並不平等的人之間，比如上司對下屬、老師對學生。這些情況下可以公開指出別人的錯誤嗎？當然不應該，即使在這種情況，也應該維護對方的面子。

劉蘭老師班上有個女生很優秀，有一段時間她看到別人比自己成績好，心裡就有些不平衡，跟同學說話總是冷嘲熱諷，甚至對老師也缺乏禮貌。劉老師透過網路聊天工具和她聊天，直言不諱地指出了她的錯誤心態，並且鼓勵她繼續努力，迎頭趕上。這個女生很感激，情緒理順了，心態也端正了。

對於其他有這樣、那樣缺點的學生，劉老師也盡量採取類似方法。一位學生說：「劉老師顧及我們的面子，我們也會盡力改正。」一位教育專家這樣評價劉老師：「劉老師這樣做是講策略，育人工程最複雜，關鍵要用心！」

有一次，劉老師經過教室，聽到一位同學用粗話罵老師，她裝作沒聽見，事後私下把那位同學請到辦公室，告訴他老師已經聽到他說的那句話，但不想當著全班人來批評，這是為了尊重他。學生很誠懇地承認了自己的錯誤，並向當事老師道了歉，後來這個學生也變得很有禮貌。

劉老師可謂深諳批評之道，要想讓對方接受批評，前提是不傷及他的面子，最好的辦法是私底下指出來。做人沒必要像炸藥似的一點就著，看到別人犯一點錯就橫加指責，這種做法不僅會傷了對方的自尊心，還會給他人留下脾氣暴躁的印象。

會說話做事的人都懂得在私下裡和對方溝通，平和地指出對方的錯誤，並幫助他們找到恰當的改正方法。除此之外，還會肯定對方已經做得很好的部分，以免讓他喪失信心。

其實，很多人犯錯都是無心之過，可在私下為其指出來，或以含蓄說明、暗示的方式使其意識到自己的錯誤。這樣既能維護他人面子，又能達到幫他改正缺點的目的。

當你因為某人的錯誤想對他發火批評時，可以先反問自己：「處理這件事最合乎人性的方法是什麼？」你會發現，向對方發火只發洩了怒氣，卻傷了他的自尊與你們之間的和氣，且對於事情的解決沒有任何幫助。所以，當別人因為一時疏忽把事情弄糟時，選擇在**私底下指出其錯誤，既是對他的尊重，也會贏得他對你的尊重**。

雖然生氣的時候誰都很難控制自己的情緒，但也正是在這樣的情況下最能體現一個人素質的高低。想做別人口中「會說話的人」，不是只靠說兩句貼心的話就可以。有些人一有不愉快就破口大罵，而不管場合、地點、當事人的特殊情況。如果你在怒火中燒時還能理智地分析現場情況，且能照顧到對方的面子，把問題帶到私下解決，或者用其他不傷人自尊的方法解決，那麼所有人都能看到你的寬容與大氣。

總之，批評他人時，如果語氣委婉，被批評者就容易接受，因為對方會認為你顧及了他的面子，感激之餘，自然會努力改正缺點；反之，如果批評者語氣強硬，對方會覺得自尊被傷害，這樣不僅達不到批評的目的，還可能讓對方產生反感，既影響了工作，也會使得彼此的相處變得很尷尬。

借己說人，攻心的批評技巧

居高臨下地批評人最容易傷害對方的自尊，如果在批評他人之前先談一談自己從前犯過的類似錯誤，那麼不僅可以讓對方意識到自己的錯誤，而且還能營造出坦誠相待的良好批評氛圍，從而使對方更容易接受批評並改正錯誤。

美國行為學家萊曼．波特（Lyman Porter）曾指出：「當遭受許多批評時，下級往往只記住開頭的一些，其餘的就不聽了，因為他們忙於思索論據來反駁開頭的批評。」而「借己說人」的批評方式實際上相當於給了被批評者一個臺階，讓他可以坦然承認自己的錯誤，不必為了維護面子去費神地想各種理由反駁。

有個叫約瑟芬的食品店店員，在一次運貨時因馬虎而使食品店損失了兩箱果醬。為此，食品店老闆對他進行了如下一番批評：

「約瑟芬，你犯了個錯誤，但上帝知道，我犯的許多錯誤比你還糟。比如，有一次我竟然將兩大箱葡萄柚在運輸過程中弄丟。任何人都不可能天生萬事精通，只有在實際的經驗中才能慢慢獲得，而且你在這方面比我強多了，你看我曾做出那麼多愚蠢的事，所以我不願批評任何人，但你難道不認為，如果你換一種做法，搬運貨物時更加細心，那麼事情會更好一點嗎？」約瑟芬愉快地接受老闆的批評，從此做事認真多了。

作為長輩或上級，把自己曾經的過錯暴露在晚輩或下屬面前，目的不在於做自我檢討，而在於以自己的感悟來教育對方。這種借己說人的方法，讓我們看到了融「自我批評」於批評之中的魅力與效用。承認自己曾經也犯過許多愚蠢的錯誤並不會有損我們在別人心目中的形象，相反地，別人會因為你的坦誠而放下反擊心理，用同樣的誠懇態度認真反思自己的過錯。

一九六四年，日本輕型電器業界因受經濟不景氣的影響而動盪不安，於是松下電器公司決定召開全國銷售會議。由於會議中反映出不景氣的狀況，所以空氣中充滿了火藥味。在一七〇家公司中，只有二十多家經營良好，其他約一五〇家公司的經營都出現了極嚴重的赤字。

「有什麼意見都可以說出來。」松下電器創始人松下幸之助先生剛說完，某銷售公司的經理立即衝破水閘般地發洩起了他的不滿：「今天赤字到了這種地步，主要原因是松下電器的指導方針太差，作為公司的負責人一點都不檢討自己是否有不足之處……。」

「我方的指導當然有誤，可是再怎麼困難也還有二十多家同仁獲利，各位不覺得是你們太缺乏獨立自主的精神，太依賴他人，才會招致今天的後果嗎？」松下幸之助先生反駁道。

接下來的兩天時間，松下幸之助先生站在臺上不斷地反駁他們的意見，而對方也立即反擊，大罵松下電器公司。就在會議即將結束，決裂的局面將出現時，情況發生了轉折性的變化。

第三天最後一次會議上，松下幸之助先生走到臺上說道：「過去兩天多的時間大家相互指責，該說的都說了，我想沒有什麼好再說的了。不過，我有些感想，想給大家講講。過去的一切，走到今天這個地步，所有責任我們要共同承擔。松下電器有錯，身為最高負責人的我在此誠心向各位致歉。今後我將會精心研究指導方針，讓大家能穩定經營，同時考慮各位的意見，不斷改進。最後，請原諒松下電器的不足之處。」說完，松下幸之助先生向大家深深一鞠躬。

整個會場頓時安靜了下來，每個人都低著頭，半數以上的人還拿出手帕擦淚。「請董事長嚴加指導！我們的缺點太多了，應該反省，也該多加油去幹！」隨著松下幸之助先生的低頭，每個人心中思潮翻湧，隨後又相互勉勵，發誓要奮起振作。[28]

由此可見，自我批評比針鋒相對的辯論效果要好得多。很多人被批評，由於丟不下面子所以直言反駁，如果在批評別人之前先做自我批評，就不會讓對方感到難堪，還可以營造出一種大家共同承擔責任的良好氛圍。

不過，能否用好此法關鍵在於，所提到的自己的錯誤必須真實可信，而且最好跟批評主題相關。如果隨意亂編例子、胡亂批評自己、拿自己尋開心，則會顯得很突兀且缺乏真誠。只有在自我批評時持有一顆真誠之心，這樣才會有說服力，被批評者也才能感同身受，誠心接受。最重要的是，這種方式的批評不會造成雙方關係的惡化。

「逐客令」也能說得有人情味

有朋來訪，促膝長談、交流思想，增進友情是生活中的一大樂事，也是人生道路上的一大益事。宋朝著名詞人張孝祥在跟友人夜談後，忍不住發出了「誰知對床語，勝讀十年書」的感嘆。

然而，現實中也會有與此截然相反的情形。

下班後吃過飯，你希望靜下心來讀點書或做點事，但有些不請自來的話癆朋友總會纏著你，東拉西扯說個沒完，一再重複你毫無興趣的話題，還越說越來勁。你勉強敷衍著回應幾句，雖然心裡很想對其下逐客令，但又怕傷了感情，所以只好「捨命陪君子」。

魯迅先生曾說：「**無端地空耗別人的時間，無異於謀財害命。**」任何一個珍惜時間的人都不願任人「謀財害命」。所以，要怎樣對付這種說起來沒完沒了的人呢？最好的對付辦法就是——運用高超的言語技巧，把「逐客令」說得美妙動聽，既不挫傷對方的自尊心，又使其變得知趣。

要將逐客令下得有人情味，可以參考以下方法——

・以婉代直

用婉言柔語來提醒、暗示滔滔不絕的客人：「主人並沒有多餘時間跟他閒聊胡扯」，與冷酷無情的逐客令相比，這種方法比較容易被接受。

例一：「今天晚上我有空，咱們可以好好暢談一番。不過，從明天開始我就要全力以赴寫工作總結，爭取這次能評上優秀教師。」言下之意是——請您從明天起別再打擾我了。

例二：「最近我老公身體不好，吃過晚飯就想睡覺，我們是不是說話時聲音小一點？」這句話用商量的口氣，傳遞著十分明確的資訊——你的高談闊論有礙主人的休息，還是請你少來為妙。

・以寫代說

有些人對婉轉的逐客令可能意識不到，對於這種人可以用張貼字條的方法代替言語，讓人一看就明白。

話劇《陳毅市長》裡有一位著名的科學家，在自家客廳的牆上貼了「閒談不得超過三分鐘」的字條，以提醒來客：「主人正在爭分奪秒搞科學研究，請閒聊者自重」，看到這張字條，純屬閒談的人，誰還好意思喋喋不休地說下去呢？

根據具體情況，還可以貼一些諸如「我家孩子即將參加高考，請勿大聲喧嘩」、「主人正在自學英語，請客人多加關照」等等字條，製造出一種「惜時如金」的氛圍，使閒聊者理解和注意。字條是寫給所有來客看的，並非針對某一位客人，所以並不會令對方難堪。

• 以熱代冷

用熱情的言語、周到的招待代替冷若冰霜的表情，使閒聊者在非常熱情的主人面前感到今後不好意思多登門。閒聊者一到，你就笑臉相迎，沏好香茗一杯，捧出瓜子、糖果、水果，很有可能把他嚇得下次不敢貿然再來。你用接待貴客的高規格，對方通常不敢老是以貴客自居。

過分熱情的實質無異於冰冷相待，這就是生活辯證法。以熱代冷，既不失禮貌，又能達到逐客目的，效果之佳，不言自明。[29]

因人而異，擇言而施

孔子說「因材施教」，批評同樣也要因人而異，擇言而施。沒人願意被批評，也沒有人想批評別人。當必須批評他人的時候，應因人而異，選擇適當的方式——個性較溫和的人遭到大聲怒吼時，只會一味地退縮和保護自己，無法專心聽人說教；而性格剛烈的人，則往往會因對方的斥責而憤怒，無法忍氣吞聲，通常會採取強硬的反駁手段與批評者爭論。因此，情商高的人在批評別人之前會先考慮對方是哪種性格，再決定採取何種批評方式——

- **個性坦率直爽、開朗，心理承受能力強的人**

這種人知錯就改，喜歡直來直往，不愛拐彎抹角。對於這種人，你明確地指出其缺點和錯誤，他較容易接受。過多地繞圈子，反而使他納悶，產生誤解，甚至是反感，認為這是你不信任他的表現。

- **頭腦聰明、反應敏捷，接受能力強，而自尊心也很強的人**

對這種人可以採用提醒、暗示、含蓄的言辭，只要將錯誤和缺點稍稍點出，他們便會順著你的思路，找到問題所在和改正錯誤的方法，這種批評方式有兩種呈現形式：一是面對本人，顧左右而言他，看似在討論別人，其實是在說他。這種方法的關鍵是，必須找到相似的事物或人，否則就會相去甚遠，難以奏效。

另一種是面對眾人，漫無所指，點出一些只有當事人才能心領神會的事情，給其必要的心理壓力，讓他知道你是礙於情面，才沒有揭發他。這時，他會在內心深處自我警醒與矯正。

‧自尊心強，臉皮薄、愛面子的人

對這種人應採用循序漸進的批評方式，把要批評的問題分成若干層次、階段來解決。透過逐步輸出批評資訊，有層次地進行批評，使犯錯的人有一個心理緩衝的餘地和逐步提升認識自我錯誤的過程，從而一步步地走向你所期待的正確方向。

批評那些自尊心較強而錯誤又較多的人時，採取循序漸進的方法有利於取得批評的積極效果。相反地，如果你一次性把對方眾多缺點一股腦兒地傾瀉出來，很容易傷害到對方的自尊心，使其產生逆反心理。

‧性格內向、脾氣暴躁、愛鑽牛角尖的人

對這種人採用參照式批評比較合適，這種方式的特點是——在批評時，不直接涉及對方的要害問題，而是運用對比方式，藉由建立參照物，來點明批評內容。

你可以透過列舉和分析其他人的是非，來說明被批評者的錯誤；也能藉由說明你自身也曾犯過的類似錯誤，來闡明被批評者現在的錯誤；還可以經由列舉和分析哪些是錯誤的，來烘托出被批評者為什麼錯。

高情商的批評難就難在如何在不傷害對方感情的前提下把道理說清楚，讓對方樂意改正，而不同人的性格秉性不同，因此要注意因人而異、擇言而施，這樣才能使批評達到最佳的效果。

Chapter 6

帶著同理心說話，做人生贏家

換位思考的情緒智慧說話課

換位思考需注重「情感、利益」

在情商的理論體系中，識別他人情緒，並且讓自我情緒與之產生共鳴的能力，被稱為「同理心」。在某些情況下，同理心就是指一種對情緒的直覺，我們在生活中常常會遇到的那些「敏感」，且能夠一眼看出「你今天情緒不太對勁」的人，便是擁有這種直覺之人。

不過，除了這種直覺之外，同理心更多地要求我們的思維介入，即讓我們學會感受他人的感受，站在對方的角度看問題，如同以下故事：

一位母親在耶誕節帶著五歲的兒子去買禮物。大街上迴盪著聖誕讚歌，櫥窗裡裝飾著彩燈，盛裝可愛的小精靈載歌載舞，商店裡五光十色的玩具琳琅滿目。

「一個五歲的男孩將以多麼興奮的目光觀賞這絢麗的世界啊！」母親毫不懷疑地想。然而她絕對沒有想到，兒子嗚嗚地哭出聲來。「怎麼了，寶貝？」「我……我的鞋帶鬆了。」母親不得不在人行道上蹲下身來，為兒子繫好鞋帶。

母親無意中抬起頭來，「啊，怎麼什麼都沒有？沒有絢麗的彩燈、迷人的櫥窗，也沒有聖誕禮物……」原來那些東西都太高了，孩子什麼也看不見！這是母親第一次從五歲兒子的目光高度仰望世界。她感到非常震驚，立即起身把兒子抱了起來。

從此，這位母親牢記，再也不要把自己認為的「快樂」強加給兒子，要「站在孩子的立場上看待問題」，這位母親透過自己的親身體會認識到了這一點。[30]

孩子看見的東西，母親不一定能看到，而母親看到的，孩子也不一定能看見。如果母親放低身子或讓孩子抬高角度，那麼彼此之間就會有不一樣的感受。在與人交往中，更是如此。

美國汽車大王福特說過一句話：「假如有什麼成功祕訣的話，就是設身處地替別人著想，瞭解對方的態度和觀點。」因為這樣不但能與對方很好地溝通，而且能更清楚地瞭解對方的思想軌跡及其中的關鍵點，進而瞄準目標，擊中「要害」，從而達到你的溝通目的。

有一段時間，卡內基都是租用某家酒店的大禮堂來講課。有一天，他突然接到通知，租金要增加三倍。卡內基找到經理交涉。他說：「我接到通知，有點兒難以置信，不過這不怪你。如果我是你，我也會那樣做。因為你是酒店的經理，你的職責是盡可能使酒店盈利。」

緊接著，卡內基為他算了一筆經濟帳：「將禮堂用於辦舞會、晚會，當然會有大把大把的銀子。但你攆走了我，也等於攆走了成千上萬有文化的中層管理人員，而他們光顧貴酒店，是你花幾千元也買不到的活廣告。那麼，哪樣更有利呢？」經理被他說服了。

卡內基之所以成功，就是因為當他說「如果我是你，我也會這樣做」時，他已經完全站到了經理的立場。接著，他以經理的立場算了一筆帳，抓住了對方的心理——盈利，使經理心甘情願地把天平砝碼加到了卡內基這邊。[31]

當和別人商談事情時，我們通常習慣將自己的想法和意見強加於人，而不會站在對方的立場仔細想想，這種說話方式其實是有礙溝通的。站在對方的立場上說話，能給人一種為他著想的感覺，這種投其所好的技巧常常具有極強的說服力。

也許你會質疑，站在對方的立場上說來容易，實際要做的時候卻很難。沒錯，站在對方的立場說話確實不容易，但卻不是不可能。真正會說話的人，總是善於努力地從他人的角度來設想，並且樂此不疲。然而，他們也並非一開始就能做得很好，而是從一次次的說服過程中吸收經驗、汲取教訓，不斷培養自己養成這種習慣，最終才達到這樣的境界。因此，只要你願意，這並不是一件太難的事。

從對方「感興趣的」聊起，越談越投緣

談話是雙向過程，一旦某一方對所談話題沒有興趣，參與對話時便顯得消極、敷衍了事或者沉默不語。出現這樣的情況時，交談氣氛自然很尷尬。所以，會聊天的高情商者在開始交談時，就會找一些對方感興趣的話題來聊，把氣氛帶動起來，讓對方覺得你很能理解他，願意聽他傾訴，那麼對方的話匣子就打開了，雙方也不會因沒得聊而無比尷尬了。

美國耶魯大學威廉·菲爾普斯（William Lyon Phelps）教授是一位著名的散文家，他在散文《人類的天性》中寫道：

我在八歲的時候，有一次到莉比姑媽家過週末。傍晚時分，有個中年人慕名來訪，但姑媽好像對他很冷淡。他跟姑媽寒暄了一陣之後，便把注意力轉向了我。

當時，我正在玩模型船，而且玩得很專注。他看出我對船隻很感興趣，便滔滔不絕地講了許多有關船隻的事，而且講得十分生動有趣。等他離開之後，我仍意猶未盡，一直向姑媽提起他。

姑媽告訴我，他是一位律師，根本不可能對船隻感興趣。「但是，他為什麼一直跟

我談船隻的事呢？」我問道，而姑媽則說：「因為他是個有風度的紳士，看你對船隻感興趣，為了讓你高興並贏取你的好感，所以他當然要這麼說了。」[32]

可見，談論別人感興趣的話題很容易給人留下好印象。所以，我們在聊天時不要總是說「我昨天……」「我本來想……」你要試著把自己放在對方的位置上考慮一下，畢竟沒人願意專注地聽別人聊他自己那些雞毛蒜皮的事。你要學會把話題丟給對方，讓對方也能暢所欲言，這才是討人喜歡的聊天模式。接著，跟各位分享這個例子：

周爽是個性格爽朗的年輕女孩，也是一位足球愛好者。有一次在去廣州的火車上，她的鄰座是個小夥子，閒來無事，便和他聊了起來。得知對方是遼寧人，周爽便讚美起遼寧人的豪爽、夠朋友，說自己有好幾位遼寧籍的朋友，都特別爽快。聽了這話，小夥子自然高興，於是自報家門，說他叫李慶，家住遼寧的大連。得知此消息後，周爽想到了大連足球隊，心想對方是男生，說不定也對足球感興趣，這樣一路上就有得聊了。

於是，周爽話鋒一轉，說遼寧人也很團結，特別是大連足球隊，雖然每位隊員都不是非常出色，但他們團結一致，奮力拼搏，經常取得好成績。而李慶真如周爽所想也是位球迷，所以兩人一路上聊得天昏地暗，下車後還互留了通訊地址。在李慶的介紹下，周爽認識了很多球迷，結交了許多朋友。

在與李慶交談時，周爽先是從遼寧人這個話題入手，然後巧妙地轉到足球這個兩人都感興趣的話題上，從而與對方越談越投緣。經過一番閒聊之後，兩人很快便加深了對彼此的瞭解，成為了好朋友。

兩個人剛見面時，不知道對方的性格、愛好、品性如何，所以往往會陷入難熬的沉默與尷尬之中。這時，我們可以試探性地聊一些大眾性的話題，比如老家是哪裡、做什麼工作……等找到對方的興趣所在，就能以此作為共同話題深入聊下去，從而拉近彼此的距離。

卡內基的朋友查利夫是一位在童子軍中極為活躍的人物，他曾經給卡內基寫過一封信，內容如下：

歐洲即將舉行童子軍露營活動，我想請美國一家大公司的經理為其中一名童子軍資助旅費。在我去見這人以前，剛好聽說他曾開了一張百萬美元的支票，而這張支票退回之後，他把它置於鏡框之中。所以，我走進他辦公室所做的第一件事，就是談論那張支票——一張百萬美元的支票！

我告訴他，我從未聽說有人開過這樣的一張支票，我還要告訴我的童子軍，我的確看過一張百萬美元的支票。他很欣喜地向我出示那張支票，我表示羨慕，並請他告訴我其中的經過，於是經理便侃侃而談。

結果，經理不但答應了我的請求，並且比我要求的還多得多。我只請他資助一名童子軍赴歐洲，但他竟資助了五名童子軍，並讓我們在歐洲住一個星期。此外，他還給我寫了一封介紹信，把我介紹給了歐洲分公司的經理，讓他幫忙在巴黎接待我們。之後，經理又給那些家境貧苦的童子軍提供了一些工作機會，而且現在他仍在我們的團體中活躍著。[33]

查利夫最後總結道：「如果我不曾找出他所感興趣的事，使他先高興起來，那麼想接近他是多麼不容易啊！」見面之後，查利夫並沒有談論童子軍露營活動的旅費問題，他談的是對方所感興趣的事情。雙方興致勃勃地展開了談話，而最終查利夫收穫了比預期還要多的果實。

善於從對方的談話中發現其興趣所在，適當地迎合對方，不僅能夠營造自然融洽的交流氛圍，還能很容易地拉近人與人之間的距離。如果發現對方對自己提出的話題不瞭解或不感興趣，那麼便要及時轉換話題，而不要自己想說什麼就說什麼。

請記住一點：每個人都喜歡談論自己感興趣的事，而不是別人感興趣的事。只要能夠抓住對方的興趣點，談話很快就會熱絡起來。

話題卡住了就換，不要戀戰

人本來就有自己的防備心，每個人要防備的方面又各不相同。在聊天的時候，有些話題，你以為沒什麼，對方可能就很敏感。特別是和女性朋友聊天，女人天生防備心強，再加上後天教育，恨不得人人自戴無形盔甲。所以，當你發現這個話題卡住了，不必抓住不放，尤其是像年齡、薪資這些隱私問題，你越是刨根問底，對方越不悅。這個時候，最明智的做法就是，趕緊轉移話題，而別不識趣地繼續說下去。

雖然你很希望把這個話題進行到底，問出一個結果，或是要告知對方某件事，但卡住了就是卡住了，別人的沉默和不悅已經接近臨界點，你不想惹人家爆發就趕緊轉移話題吧，暫且丟開便不會手忙腳亂，有機會再繞回來就可以了。

《康熙來了》有一期嘉賓是著名女歌手孫燕姿。孫燕姿前段時間剛發行了個人最新專輯，距離上一張專輯已經四年了，她來到《康熙來了》就是為了宣傳新專輯。那個時候正值她的荷蘭籍男友被曝光的時期，所以蔡康永和小S就一直想方設法地詢問她男朋友的情況。

孫燕姿為了保護自己的隱私，一直處於比較抗拒、不正面回答的狀態。蔡康永見孫燕姿雖然面帶笑容，但是表現出實在不願意談論這個話題的樣子，於是就將話題轉移到孫燕姿想聊的話題——她的新專輯上。孫燕姿興致勃勃地與主持人聊了很多關於新專輯的事，說到請張艾嘉幫忙演MV後，蔡康永見孫燕姿心情很好，聊性大發，就機智地說：「我們這樣有聊夠多專輯了吧，那可以來聊別的了。」

熟悉蔡康永的觀眾都知道，轉移話題激起對方談興，再把話題繞回來，是蔡康永訪問中非常喜歡使用的招數，而且往往都能重新打開對方的話匣子，讓人興奮之餘走進他的圈套中，本來不願意說的話題也侃侃而談了。

話題卡住的情況，多是因為我們的話題觸犯了別人的某個禁區，或是激起了對方的不悅情緒。要轉移話題引起對方談興，就要瞭解對方的心理和情感，以免轉移到一個同樣會激發對方不悅之情的話題上。

情感是人內心世界的一部分，一般是捉摸不定，較難把握的。但是在某些場合，人內心的東西又常會藉由各種方式外露出來。如果我們善於觀察聽者的一舉一動，並能據此加以分析和推測，那麼基本上就可以掌握聽者的心理和情感，然後再順著對方的心理適時地調整話題的方向，便能讓談話逐漸熱絡起來了。

某位中學老師悉心鑽研中國古典文學，出版了一本近二十萬字的詩歌相關書籍《中國詩歌發展史》。該校的文學社小記者來到這位老師家中採訪，想讓老師介紹一下寫書經驗。只見那位老師面帶難色，認為只是一個專題學習，談不上什麼經驗。

小記者抬頭望著牆上的隸書書法作品說：「老師，這隸書是您寫的吧？」

老師回答：「是的！」

小記者又問：「那麼請您談談隸書的特點，好嗎？」

這正是老師感興趣和願意談的話題，兩人之間的感情逐漸變得融洽起來。

這時，小記者不失時機地說：「老師，您對隸書很有研究，以後還要請您多加指導。不過，我現在十分想聽聽您是怎樣寫成《中國詩歌發展史》的。」此刻，老師深感盛情難卻，也就只好加以介紹了。

由此可見，當某個話題引不起對方的興趣時，要有針對性地、有選擇地挑選新的話題，以激起對方的談興。例如，與運動員談心理與競技的關係、和外交人員談公共關係學，對方肯定會一拍即合，談興大發。[34] 在運用這種技巧時，說話者首先要瞭解聽者的心理和情感——我們也只有在這種基礎上，才能知道某個場合該講什麼，不該講什麼，哪些話題能夠打動聽眾，能使聽眾產生共鳴。

有些事藉由直言爭取對方的應允已經失敗，或在自己爭取之前對方就已經明確表示不肯允諾——在這種情況下，不要絕望，應該採取轉移話題、隱藏委屈的辦法。

「隱藏」就是掩蓋自己的真實目的，以虛掩實，讓對方無從察覺。表面上自己好像沒有什麼企圖，或者讓對方感到某種企圖並非始於自己，而是另外一個人。這樣，對方可能就不再有戒備和顧慮，而處在這種狀態中事情自然好辦多了。

「委屈」是不直接出面或不直奔目的，而是繞開對方不應允的事情，透過另一個臨時擬定的虛假目的當幌子，讓對方接受。當對方進入自己設定的圈套之後，你的真實目的也就達到了。隱藏委屈的最大特點是「含而不露」或「露而不顯」，在具體運用時有些小竅門需要認真領悟。

值得注意的是，轉換話題以後，說話者還要注意在適當的時機及時將話題引入自己要表述的正題。因為換話題只是給談正題打下一個基礎，而非交談的真正目的。所以，當雙方對所換話題談興正濃，感情溝通到一定程度時，說話者就要適可而止，將話題轉入正題，便能更好地繼續說完你想說的話。

讓人有「參與感」，談話才熱絡

交談就像傳接球，永遠不是單向的傳遞。如果其中有人一直自己扔著玩，不傳球，就可能會出現一陣難堪的沉默，直到你再次把球傳出去，一切才能恢復正常。所以，在與人交流時，必須注意是否給對方留有發表見解的機會，而不是拒之於談話之外？是否挫敗了對方的積極性？更重要的是，你能否對他們的話表現出關注，而不是顯得只對自己感興趣。

有些人在生活中常容易犯一個毛病：一旦他們打開話匣子，就難以止住，別人想說話也插不進嘴，硬是把雙方的溝通變成了自己的演講。他們自己倒是說痛快了，但別人的表達欲被阻遏了，心裡肯定很不爽。在此情況下，你就很難得到別人的認同，談話氛圍也不會融洽，所以為什麼要做這樣的傻事呢？

高情商的聊天模式是你不但該讓人有發表意見的機會，還得設法引起他說話的欲望。每當你說完對某件事的看法後，可以問一句：「你呢？」、「你怎麼看？」，把話題丟給對方，讓他也有表達的空間和權力，使對方有參與感，這樣談話才能自然而然地進行下去。

魯豫主持的《說出你的故事》，採訪楊瀾那期節目，就很有意思：

魯豫：「其實做高端訪談是比較難的，很多時候，他人在那個位置，能敞開說的東西很少。每個人願意向別人敞開說的其實就那麼一點點，而人到了那個高度，基於各種各樣的原因，能敞開的程度就更小。」

楊瀾：「沒錯，因為他沒有必要一上來就跟你敞開心扉。」

魯豫：「所以談話就比較難。」

楊瀾：「是，所以後來我就總結了一下，我覺得可能有四個武器可以用。第一，你必須意識到做高端訪談確實很難，在思想上有個準備；第二，就是做好功課，起碼對他的人生經歷和專業背景得熟悉；第三，應該有一個誠懇的態度，這種態度並不是說需要阿諛奉承，或是擺出取悅別人的姿態，而是自己要有一個誠懇的心態；第四呢，我覺得應該要有足夠份量的問題去挑戰他。因為一個人吧，你如果一直這麼順毛捋，他可能就老是處於一種比較懶散的狀態，有的時候逆毛摟一下，問對方一個挑戰性的問題，那他就會更投入地來跟你對話——這是一種很好的方法。」

中國著名的兩個女名嘴在一起聊天，你認為誰更厲害呢？我想，你一定會覺得她們兩個勢均力敵，這不僅僅是因兩人都能說會道、文化素養高，也是因為她們都懂得傾聽、尊重別人，讓對方能充分參與到聊天中，你一句我一句，聊得不亦樂乎，雙方的水準和素養也在順暢愉快的聊天互動中顯現出來。所以，名嘴之所以成為名嘴，不僅僅自己會說，也要讓別人說。

一個商店的銷售員，拼命地稱讚自己的東西怎樣好，不給顧客說話的機會，很可能就會失去這位顧客的生意——因為顧客只會把你的花言巧語當作是一種生意經，絕不會輕易相信而購買的；反過來，你如果給顧客說話的餘地，使其對商品有評價的機會，生意便有可能成功。因為顧客都有選擇和吹毛求疵的心理，如果你只是一味地誇耀或是對顧客的挑剔加以爭辯，這無異於說顧客不識好貨。受到這麼大的侮辱，他還會買你的東西嗎？

其實，只顧自己說是一種得不償失的交談方式，因為話說得多了，既讓對方覺得厭倦，別人也沒機會表達自己的想法，你就無法從他身上吸取有用的東西。所以，與其自己嘮嘮叨叨地說些廢話，還不如爽快地讓別人去說，這樣能給人留下一個好印象，對方會更願意與你交談。

記住，**聊天不是你的獨角戲，每個人都有參與的欲望**，只有人人都說得愉快盡興，聊天才能順利進行。因此，想要別人喜歡跟你聊天，而你也不想再遭遇對方沉默不語的尷尬，那麼就從管住自己的嘴巴，給對方說話的機會開始吧。

說服前，先「揣摩」對方心理

說服是鼓動而不是操縱，且說服是影響，而影響是一個優美的過程。如果你把自己想像成一個藝術家，細心揣摩別人的心理和情緒，就能說服和影響他人。

一位父親曾這樣提到自己尋求瞭解女兒的心路歷程，以及「知彼」對父女兩人深遠的影響：

女兒凱琳約十四歲時，開始對我們十分不尊重，經常出言諷刺、語氣輕蔑，她的行為也開始影響弟弟和妹妹。我一直沒採取行動，直到某天晚上，妻子、我及凱琳在我們的臥室裡，凱琳脫口說了些很不恰當的話。我覺得她實在鬧得不像話，於是大聲呵斥道：「凱琳，妳聽好了，讓我告訴妳我們家的規矩！」

我道貌岸然地開始長篇大論，以為能讓她信服，知道該尊敬爸媽。我提到最近生日為她做的一切，還提醒她，我們如何協助她考取駕照，還讓她開自己的車。我滔滔不絕地列舉出不少豐功偉績。說完後，我以為凱琳會對我們叩拜一番，感激涕零，可是她竟有些挑釁地說：「那又怎麼樣？」

我氣炸了，憤怒地說：「妳給我回房間去，我們真是不想再管妳了。」凱琳衝出去，摔上自己的房門，我氣得在臥室踱步。然而，冷靜之後我突然想到，自己並沒試著瞭解凱琳。我雖無意打擊她，但卻只站在自己的立場上。這份覺悟扭轉了我的想法和對凱琳的感覺。

半小時後，我來到女兒房間，第一件事就是為自己剛才的行為道歉，我並未為她的行為開脫罪名，僅就自己粗魯的舉止致歉。「我知道妳心裡有事，可是我不知道是什麼。」我要讓她知道，我真的想瞭解她。最後，我終於營造出一種讓她願意跟我分享她內心不快的氣氛。

凱琳有些遲疑地談到了她的感受：身為初中生的她，不但要把書念好，還得結交新朋友；她害怕自己開車，因為這是一種全新的考驗，她擔心會出意外；她剛接了一份兼職工作，不知老闆對她有何看法；她要上鋼琴課，還要練鋼琴，生活相當忙碌。

最後我說：「凱琳，妳經常覺得不知所措，對嗎？」問題找到了，萬歲！凱琳覺得有人瞭解她了。在面對這些挑戰時，她覺得手足無措，所以對家人頗多怨責，因為她渴望家人的關注，其實她真正想說的是：「拜託，誰來聽我說說話吧！」

因此我告訴她：「所以當我要求妳尊重我們時，妳覺得又多了一件事。」

「就是！」她說：「又多了一件事！我連眼前的事都應接不暇了。」

我把妻子拉來，三人坐下來慢慢細談，設法讓凱琳簡化自己的生活。最後她決定不去上鋼琴課，也不練琴。接下來的幾星期，凱琳像是換了個人似的。從那次之後，凱琳對自己選擇生活的能力更具信心。她知道父母瞭解她，也支持她。不久，凱琳辭去了那份兼職工作，因為那份工作不符合她的理想，她在別處找到了一份更好的工作。

回顧過去，我想凱琳的自信來自我們樂於花時間坐下來瞭解她，而不是對她說：「好吧，這種行為不可饒恕，不准你出門！」

凱琳與父母的爭執只是一種表象，她用行為掩蓋了自己心中的憂懼，父母若只針對她的行為回應，便永遠無法知道她的煩惱。於是，凱琳的父親放下批評的手段，真心揣摩其心中所想。當凱琳感受到父親的這一意願時，便開始安心坦承自己的心事。一旦理清問題，凱琳就能感受到別人的瞭解，接著便會希望獲得父母的引導與指示。

由此可以看出，在說服的過程中，我們要注意以下兩條原則：

第一，說服的前提是要清楚自己想要什麼結果，同時知道他人的要求，在你和對方的需要之間取得平衡。如果不知道自己想要什麼結果，而對方又非常清楚被你說服的最終結果，那麼你將會被對方所影響。

第二，在說服的時候，切忌融入自己的情緒。在任何場合下的發怒、過於激動、過度高興和傷感，都會削弱你的力量。

理解他人心理模式的途徑是溝通，我們要學會在對方的世界裡認識他們。人際關係成功的人，一般都是善於揣摩他人心理的人。

我們在說話做事時，如果只從自己的角度出發，無論發表什麼意見都是「我認為……」、「我想……」那麼就很難引起對方的興趣，甚至他會反問你「這與我有什麼關係？」所以，想要說服對方配合你完成某事時，首先應該從對方的角度出發，提出對他有利的條件，這樣才能讓對方有意願跟你合作。

比如，如果你是保險公司的業務人員，在開發業務時，要是對方表示對保險的事不感興趣，你不應該說「你的觀念怎麼這麼落伍」或者「很多人都買保險了，不買就跟不上潮流」之類的話，而是應該從保險能夠為對方帶來的利益出發，盡數保險的好處，還可以列舉一些成功保單的例子，這樣才有可能達到說服對方的目的。

站在對方的立場考慮問題，你會發現，你跟他有了共同語言，對方的所思所想、所喜所惡都變得可以理解。在各種人際交往中，善於站在對方的立場考慮，就能從容應對各種狀況——要麼伸出善意的援手，要麼防範對方的惡招。

許多人不懂得如何站在對方立場上思考和說話，這是導致他們做很多事情都不成功的一大原因。勸說別人時，站在對方的立場上考慮，說出的話才能讓別人聽著順耳，覺得舒服。如此，不僅能使他人開心，也能讓自己快樂。

抓住「動情點」說話，分外有力

生活中，當我們有求於人時，最佳的效果莫過於讓對方覺得答應你的請求是一種感情上的需要。當然，這要以能引起對方的感情共鳴為前提。所以，我們要學會向所求之人分析現狀，用真情打動對方，引起他的共鳴，如此對方才會欣然相助，如同以下：

在美國經濟大蕭條時期，有一位十七歲的女孩好不容易才找到一份在高級珠寶店當銷售員的工作。在耶誕節的前一天，店裡來了一位三十歲左右的男子，他衣衫襤褸、面黃肌瘦，用一種貪婪的目光盯著那些高級首飾。

此時，電話響了，女孩著急去接電話，一不小心把一個碟子碰翻了，六枚精美絕倫的金戒指落到地上，她慌忙撿起其中的五枚，但第六枚怎麼也找不著。這時，她看到那名三十歲左右的男子正向門口走去。頓時，她知道戒指在哪兒了。

當男子的手將要觸及門柄時，女孩柔聲叫道：「對不起，先生！」那男子轉過身來，兩人相視無言，足足有一分鐘。「什麼事？」他問，臉上的肌肉在抽搐。

女孩一時竟不知說些什麼才好。

「什麼事？」他再次問道。

「先生，這是我的第一份工作，現在找個事做很難，是不是？」女孩神色黯然地說。男子注視著她，終於，一絲柔和的微笑浮現在他臉上。

停了一下，男子向前一步，把手伸給她。他回答：「是的，的確如此。」接著又說：「但是我能肯定，妳在這裡會幹得不錯。」他轉過身，慢慢走向門口。女孩目送著男子的身影消失在門外，轉身走向櫃檯，把手中收到的第六枚金戒指放回了原處。[35]

女孩之所以能成功地要回男子偷拾的第六枚金戒指，關鍵就在於她站在共同的立場來說話，在尊重、諒解對方的前提下，以「同是天涯淪落人」的淒苦言語博得了對方的真切同情。

男子雖是流浪漢，但此時握有打破她「飯碗」的金戒指，極有可能使她也淪為「流浪漢」。因此，「這是我的第一份工作，現在找個事做很難」這句真誠樸實的表白，飽含著懼怕失去工作的痛苦之情，也蘊含著懇請對方憐憫的求助之意，最終感動了對方。對方也巧妙地交還了戒指。試想，如果女孩怒罵這位男子，甚至叫來員警，雖然也能找回戒指，但女孩的「飯碗」能否保得住，就自不待言了。

想做到心理共鳴，就要注意以情動人。感人心者莫先乎情，把關懷之情送進對方心中，形成雙方的心理共鳴氛圍。一般來說，這種請求法可分為以下四個階段——

❶**導入階段**：先顧左右而言他，以對方當時的心情來體會現在的心情。

❷**轉接階段**：逐漸轉移話題，引入正題。

❸**正題階段**：提出自己的建議和想法。

❹**結束階段**：明確提出要求。為了使對方容易接受，還可以指出對方這樣做的好處。

「見微知著」的說話力量

我們一直認為，溝通不就是說話嘛，那不是很簡單，說話誰不會？問題的關鍵在於：如何進行有效的溝通，怎樣開口說話才能讓別人聽得進去，讓「說話」達到你的目的，而不是適得其反。不管一個人的意願再大、點子再好，如果無法成功與他人溝通，一切都是枉然。

與他人談話溝通，說的不是道理，而是合作；道理只是形式，合作才是根本。你把別人說服了，並不能獲得合作，你把別人說得心動了，才能獲得合作。

在一九九二年上映的電影《藍色情人》中，張曼玉扮演一位保險業務員，好不容易見到目標客戶後，對方卻給了她一枚硬幣，說是給她回家的車馬費。當時她很生氣，在她轉頭要走的一瞬間，看到客戶辦公室裡掛了一張小孩的照片，於是她對照片深深一鞠躬說：「對不起，我幫不了你。」客戶大為驚訝，忙問究竟。原來這個客戶最疼愛他的兒子，所以把兒子的照片掛在辦公室裡天天看。

張曼玉對小孩的照片鞠躬致歉，實際是在向客戶暗示：買保險的意義不只是讓自己多一份健康、平安的保障，更是給家人、給最愛的人多一份安心和愛護。隨後，客戶叫住了張曼玉，於是第一筆生意就這樣談成了。

張曼玉這次推銷之所以能成功，就是因為她抓住了客戶的關注點，在情感上打動了對方——誰不愛自己的孩子呢？誰不願給孩子多一份關愛和保障呢？這就說明，溝通的切入點很重要。看準對方關心的事情，用誠懇的言語觸動對方心中最柔軟的部分，從而消除其抗拒心理，改變其參與程度，就會增加成功溝通的概率。

這一點和《鬼谷子·內楗》中的「得其情，乃制其術」原則不謀而合——在知曉對方意圖和主張的情況，掌控對方的內在情緒並找到接納點的時機，推行自己的主張，就能打動對方，達到控制對方、進退自如的境界。

生活中，每個人都免不了和陌生人打交道。要辦好事，就要拋掉自己過於直白的交流方式，掌握一點揣摩他人心思的本領，然後你才能在說話、做事上做到投其所好。

有一次，著名相聲演員馬季到山東省煙臺市演出，幾家新聞單位的記者紛紛前來採訪，不料馬季先生一一婉言謝絕，這使記者們十分失望。

這時，有一個愛好相聲的記者再次叩響了馬季的房門並說：「馬季先生，我是一個相聲迷，我對如今的相聲表演有一些自己的看法……」馬季先生一聽，便十分熱情地接待了他。這位記者正是利用他和對方都喜愛相聲這一共同的興趣做文章，巧妙地打開了馬季先生的「話匣子」，順利完成了採訪任務。[37]

人人都有被人理解的渴望，如果我們與被求之人產生了情感共鳴，就能迅速拉近彼此的心靈距離，對方也會樂於幫忙。所以，在與人打交道的時候，我們要勇於放棄自己墨守成規、不知變通的辦事方式，轉而學會察言觀色，發現對方的心理需求，投其所好。只有這樣，你的話才能在對方心中發生作用，你想辦的事情才會更加順利地完成。

多講「對方熟悉的」，和誰都能輕鬆聊

《天下女人》有一期節目請來了個性才女劉索拉，她是一位音樂家、作曲家，也被視為中國真正的「現代派」作家。與這樣一位思想另類、個性獨特的才女交流，很多人心裡肯定很緊張，不知道跟對方說些什麼，怕聽不懂對方那些「專業術語」。但是，讓我們來看看楊瀾是怎麼與這位才女實現無障礙溝通的吧：

劉索拉：「中國不是有一陣狂錄音嘛，於是出現了第一批『棚蟲』，我本身也是一隻『棚蟲』，所以那段時期寫了很多電影音樂。」

楊瀾：「棚蟲？第一批棚蟲？」

劉索拉：「棚蟲就是成天在錄音棚裡趴著做唱片，還『扒唱片』的人，那時候還要扒唱片。」

楊瀾：「什麼叫扒唱片？」

劉索拉：「扒唱片就是把國外流行音樂扒成中國的，翻成中國詞，就是把人、音樂和歌詞分開。我扒過一張美國的唱片，那是一張早期的美國唱片，因為不懂英文就只聽聲，聽著音樂感覺有什麼詞出來，我便把相應的舊歌詞換成我想到的新歌詞。但是我要把音樂全部都扒下來，扒完這個再填詞，填完詞崔健唱。」

楊瀾：「哪首歌是崔健唱的？」

劉索拉：「那是很早的一首歌了，那時候他還沒唱那個〈一無所有〉。」

楊瀾：「〈一無所有〉是很早了。」

兩個人接續著崔健和以前的音樂等話題興致勃勃地聊了起來。在融洽熱鬧的談話氛圍中，兩個陌生人之間的距離越來越近了。

楊瀾之所以能與各式各樣的人物聊天，一個很大的原因就是，她會根據不同的人來調整自己的詞彙，快速地給予對方親切感和共鳴感。例如在與劉索拉的聊天中，她就一直提及對方熟悉的詞彙「棚蟲」、「扒唱片」等，讓對方認為你有所瞭解和認同，於是願意跟你繼續往下說。

實際上，針對不同的人挑選不同的詞彙，是一個很重要的談話技巧。與陌生人談話時若要營造輕鬆和諧的氣氛，拉近彼此之間的距離，使用什麼樣的詞語很重要。恰當地運用詞彙有以下幾個方面需要注意——

• 重複對方的詞彙

在談話時，對方剛剛說的某個術語、俚語或是口頭禪，你可以馬上把它用在自己要說的話裡面，這會讓對方感到很親切，尤其是對於一些術語或是俚語，使用對方所說的詞，能夠表現出對對方極大的支持和肯定。

• 識別對方的感官用詞

要知道不同感官偏好的人對於不同的詞彙也有偏好，不同類型的人所習慣使用的感官用詞是不一樣的，要在傾聽對方說話時多多留意他的偏好。當你發現對方的感官偏好後，就可以在說話時有意識地多使用對方習慣的詞彙類型。

例如，對方的話中經常出現「看上去」、「觀點」等詞彙，你可以憑藉這些詞彙確定對方傾向於視覺型，而在之後的談話中多使用視覺型的詞彙，不僅是「看上去」、「觀點」，還可以用「觀察」、「反映」等。

感官用詞一般是比較隱晦的，需要你非常敏銳地去發現。同時，你使用和對方同類型的感官用詞，也會產生潛移默化的影響，對方聽你說話會覺得非常順耳，卻說不出為什麼。

•模仿對方的習慣用語

習慣用語俗稱口頭禪，是一個人習慣性使用的詞彙。例如，有些人喜歡說「無所謂」，或者「太棒了」、「太背了」、「很酷」、「沒意思」等等。有一些口頭禪是時尚的流行語，也有一些非常具有個人色彩。不管是什麼樣的習慣用語，如果你想提升自己的影響力，可以在和對方說話時主動使用它，甚至能使用得比對方還要頻繁。這種親切和親密感會令對方很驚喜，因為你和他的習慣用語一樣，對方會認為你們倆的觀念、性格、生活都比較相近。

•避免使用否定和絕對的詞彙

對於對方的觀點不要一開口就說「不對」，沒有人喜歡被否定，所以要把你的「不對」改成「對」，也就是先贊同對方的部分觀點，然後再發表你的不同觀點。

另外，在與求異型的人談話時，要儘量避免說一些表示絕對意義的詞，例如：「一定」、「肯定」、「百分之百」、「絕對」等等。因為求異型的人喜歡挑毛病，如果你說的話過於絕對，他們會不由自主地在內心或口頭上表示質疑。為了不引起對方的反感，避免爭執，說話時可以儘量使用比較中性的詞語，不要把話說得太滿。

- **說話要簡潔**

有些人敘述一件事情時，為了賣弄才華，極力地修飾他們的語句——類疊意義重複的形容詞、學西方語言獨有的倒裝句法，或穿插些不恰當的歇後語，使別人摸不清他到底想說些什麼。有些人在說話時，東拉西扯，缺少邏輯性和系統性，使人有種不知所云的感覺。如果你要提升自己的影響力，只要記住說話簡潔扼要就行了。

恰當的措辭是把話說得滴水不漏的重要前提，與人交談，雖然你能準確理解對方的意思，但卻無法準確表達出來，那麼談話仍舊無法順利進行。所以選擇恰當的措辭，即使你不是學富五車，也能跟對方談天說地。

見什麼人說什麼話，到什麼山唱什麼歌

在人際交往中，會說話的人都懂得遇到不一樣的人說不同的話，以滿足對方的心理需求，從而贏得好感，這是說話做事的一大技巧。正如《鬼谷子．權篇》中所寫：「故無目者不可示以五色，無耳者不可告以五音。」意思就是：對眼睛失明的人，沒必要拿五色給他們看；同理，對耳朵失聰之人，無須讓他們聽五音。接著，與各位分

享這個案例：

何潔大學畢業後應聘去了一家紡織工廠做技術支援，起初很得上司賞識，但好景不長，不到三個月，主任就對她越來越冷淡了，她怎麼也弄不明白其中的原委。

經一位好心師傅點撥，她才恍然大悟：原來她剛離開校園，講話愛用術語，而主任是專科畢業，最討厭別人在他面前說一些聽不懂的專業詞彙。這位大學生無形間觸動了上司的自卑感，而使自己處於不利位置。

因為溝通雙方在知識結構、社會經驗、價值取向、生活和工作經歷等方面的差異性，所使用的詞彙必然不同，這可能導致溝通效果大打折扣。滿腹專業理論的大學生跟一身工作經驗但缺乏理論知識的老技工一起共事，就該注意說話不能太理論化。可能大學生平時在學校跟著導師做研究，習慣使用專業術語以表達自己的嚴謹態度，但是地點轉換到工廠裡，就要把話說得通俗易懂，這樣才利於與其他人溝通。

下面這個故事中的秀才就是犯了跟何潔一樣的錯誤：

有一個秀才去買柴火，他對賣柴火的人說「荷薪者過來！」賣柴火的人聽不懂「荷薪者」（擔柴火的人）三個字，但是聽得懂「過來」兩個字，於是把柴火挑到秀才面前。

秀才問他「其價如何？」賣柴火的人聽不太懂這句話，但是聽得懂「價」這個字，於是就告訴秀才價錢。

秀才接著說：「外實而內虛，煙多而焰少，請損之。」（你的柴火外表是乾的，裡頭卻是濕的，燃燒起來，會濃煙多而火焰小，請減些價錢吧。）賣柴火的人因為聽不懂秀才的話，於是擔著柴火走了。[38]

這就告訴我們：用對方聽得懂的言語交談，是溝通成功的保障，這便於訊息接收者接收、理解資訊——也就是《鬼谷子．摩篇》所說的：「摩之以其類，焉有不相應者。」意思即是揣摩時把握各類事物的相同點或相似點，哪會有對方不呼應的情況呢？

作為管理者，在與下屬進行溝通時最好用簡單的言語、易懂的言辭來傳達資訊，而且對於說話的對象、時機要有所掌握；作為銷售員，如果完全從技術的角度向消費者講解產品的好處，我想效果一定不會好。

與人說話時，一定要先明白對方的個性，對方喜歡婉轉，就轉個彎說話；對方喜歡率直，則說直白的話；對方崇尚學問，就說高深的話；對方喜談瑣事，便說淺近的話。如果說話方式能與對方個性相符，那麼彼此自然能一拍即合。就如《鬼谷子．權篇》中提到的「見人說法」九種：

故與智者言，依於博；與博者言，依於辯；與辯者言，依於要；與貴者言，依於勢；與富者言，依於高；與貧者言，依於利；與賤者言，依於謙；與勇者言，依於敢；與愚者言，依於銳。

意思就是：與聰明的人說話，要依靠旁徵博引；與廣博之人說話，應與他們反覆論辯；與善辯的人說話，要簡明扼要；與高貴之人說話，要依靠恢宏氣勢；與富有的人說話，要高雅瀟灑；與貧窮之人說話，要以利益為題；與地位較低的人說話，要謙虛恭敬；與勇猛之人說話，要當機立斷；與愚昧笨拙的人說話，要一針見血。

上述這些都是與人談話的原則，它提醒我們，人可以分為不同的類型，且處境不同，所追求的首要利益和擔憂的主要損害也不一樣，我們在與對方溝通時要利用其興奮點激勵之，善用其薄弱處掌控之。

總之，會說話的人在與人交談時都懂得靈活應變，知道面對不同地位、類型的人要採取不同的談話風格，以適應對方的心理特點，這樣就能不碰釘子、不失體面，保證談話順暢地繼續下去。

Chapter

7

不爽回擊、拒絕，怎麼說不傷感情？

看場合、懂氣氛，知道哪個不該說，更能漂亮說

名字都記不住，人際交往注定不順

一個最單純、最明顯、最重要的得到別人好感的方法，就是記住對方的姓名，使別人覺得受到尊重。人最重視、最愛聽，同時也是最希望他人尊重的就是自己的姓名。

記住別人的名字很重要。牢記對方的名字，並把它叫出來，等於給對方一個很巧妙的讚美。若是把他的名字忘了或寫錯了，在交往中會對你非常不利。

安德魯．卡內基（Andrew Carnegie）被稱為「鋼鐵大王」，但在創業之初，他對鋼鐵製造業知之甚少，手下好幾百人都比他瞭解鋼鐵。當時，安德魯．卡內基可能記不住各類鋼材的型號，但他能記住不少下屬的名字。

安德魯．卡內基在十歲的時候，就發現人們對自己的姓名看得十分重要。利用這一發現，他很輕鬆地贏得了小朋友們的合作。

有一次，安德魯．卡內基抓到一隻懷孕的母兔。很快，那隻母兔生下了一窩小兔子，但他沒有東西餵它們。就在這時，他想到了一個很妙的辦法——他對整天圍著小兔子打轉的小朋友們說，如果誰能弄來胡蘿蔔、菜葉餵養那些小兔子，他就以誰的名字來稱呼這些小兔子作為報答。這個方法太靈驗了，他一生都無法忘記。

幾年之後，他將此種方法運用於商界，同樣獲得了極大成功。那一年，他特別希望把鋼鐵軌道賣給賓夕法尼亞鐵路公司，而艾格．湯姆森正是該公司的董事長。為此，安德魯．卡內基特意在匹茲堡建立了一座巨大的鋼鐵工廠，取名為「艾格．湯姆森鋼鐵工廠」。毫無疑問，他順利將鋼鐵軌道賣給了賓夕法尼亞鐵路公司。

記住及重視朋友和商業人士名字的方法，是安德魯．卡內基領導才能的祕密之一，他以能夠叫出自己員工的名字為傲。他很得意地說，當他擔任主管後，他的鋼鐵廠從未發生過罷工事件。

記住他人的姓名，在政治上的重要性幾乎跟在商界一樣。一位政治家所要學習的第一課便是：「記住選民的名字就是政治才能，記不住則是心不在焉。」在美國總統的專業幕僚群中，有一位幕僚的工作就是專門替總統記住每一個人的名字，然後每當總統在遇見某人之前，這位專責幕僚會先一步向總統提醒此人的名字，而那位被總統叫出名字的人，也會因總統竟然記得他而雀躍不已，進而更堅定他對總統的支持。

記住每個人的名字，是尊重一個人的開始，也是打造自己個人魅力的第一步。

吉姆．佛雷十歲那年，父親意外喪生，留下他、母親及兩個弟弟。由於家境貧寒，吉姆只得早早輟學，到磚廠打工賺錢貼補家用。雖然學歷有限，但吉姆卻憑著愛爾蘭人特有的熱情和坦率處處受人歡迎，進而轉入政壇。最叫人佩服的是，他還有一種非凡的記人名字的本領，任何一個跟他交往過的人，他都能牢牢地記著對方的全名，而且一字不差。

吉姆連高中都沒有讀過，但在他四十六歲那年就已擁有四所大學頒給他的榮譽學位，並且高居民主黨要職，最後還榮膺郵政局長之職。

有一次，記者問吉姆成功的祕訣，他說：「辛勤工作，就這麼簡單。」記者有些疑惑地說：「您別開玩笑了！」

他反問道：「那你認為我成功的原因是什麼？」記者說：「聽說您可以一字不差地叫出一萬個朋友的名字。」

「不，你錯了！」他立即回答道，「我能叫得出名字的人，少說有五萬人。」

這就是他過人之處。每認識一個人時，他一定會弄清對方的全名、家庭狀況、所從事的工作，以及政治立場，然後據此建立起一個大致的印象。當下一次再見到這個人時，不管隔了多少年，他一定能迎上前去拍拍那個人的肩，噓寒問暖一番，問問對方的老婆、孩子，或是最近的工作情況。有了這份能耐，也難怪別人會覺得他平易近人、和善可親。

羅斯福競選總統時，吉姆不辭辛勞地搭乘火車，穿梭往來於中西部各州，親切地與當地民眾寒暄、交談，為羅斯福總統助選。每到一地，他都會立刻深入民眾，與他們集會、共餐，並宣傳羅斯福總統的政見，與群眾進行親切、真誠的溝通。

返回東岸之後，吉姆會立即寫信給每一個城鎮的友人，要他們列出所有與會人士的姓名、住址，集成一本多達數萬人的名冊，最後不辭辛勞地一一寫信給名冊上的每一個人，並在信件一開始，就親切地直呼對方的名字，如「親愛的比爾」、「親愛的約瑟」等，信尾更不忘寫下自己的名字「吉姆」。

吉姆很早就已發現，當一大堆人名出現在一個人眼前時，對方最感興趣、最開心的，仍是看到自己的名字。因此，牢記別人的名字，並正確無誤地叫出來，對任何人來說，都是一種尊重、友善的表現。[39] 萬一你不慎忘記而叫錯了別人的名字，很可能會招來一些不愉快的事。

每一個名字裡都包含著奇跡，完全屬於與我們交往的這個人，沒有人能夠取代。名字能讓人出眾，使人在眾人中顯得獨立。只要從人的名字著手，我們所做的和要傳遞的資訊就會顯得特別重要。不管是侍者或總經理，在與其交往時，名字均會顯示它神奇的作用。因此，如果你要別人喜歡你，請記住這條規則：「對一個人來說，他的名字是任何言語中最甜蜜、最重要的聲音。」

人們除了對自己的名字格外尊重之外，還有一種傾向，那就是渴望自己能名垂後世、萬古流芳。有的人捐書、捐古物給圖書館、博物館，為的就是在撰寫館史時，能被記上一筆，使他們的大名與館長存。教會為了鼓勵信徒捐款，也會將捐款者的大名鑲在玻璃窗上，供人們瞻仰。人之愛名、好名，於此可見一斑。

可以說，世界各地的圖書館和博物館中最有價值的收藏品都來自那些一心一意擔心他們的名字會從歷史上消失的人。紐約公共圖書館擁有阿斯特（John Jacob Astor）和萊諾克斯（James Lenox）的藏書；大都會博物館保存了本傑明・奧特曼（Benjamin Altman）和J・P・摩根（J. P. Morgan）的名字；幾乎每一座教堂都裝上了彩色玻璃窗，以紀念捐贈者的名字。

多數人記不住他人的全名，理由不外乎是工作太忙、無暇記這些瑣事。我們被介紹與其他人相識時，往往隨口寒暄幾句，而事實上可能連再見都還沒說，就已忘了對方姓什麼叫什麼，所以有時候要記住一個人的全名很難，尤其當它不太好念時，一般人都不願意去記它，心想：「算了，就叫他的小名。」

其實，記住別人的名字也是有一些技巧的。拿破崙三世曾得意地說，即使他日理萬機，仍然能夠記住他所認識的每一個人的名字。他的技巧非常簡單。如果他沒有聽清楚對方的名字，就會說：「抱歉，我沒有聽清楚您的姓名。」倘若碰到一個不尋常的名字，他會問：「怎麼寫呢？」在談話當中，他會把對方的名字重複說幾次，然後試著在心中把它跟對方的特徵、表情和容貌聯繫在一起。

如果對方是個重要人物，拿破崙三世會有更進一步的動作——等到旁邊沒有人，他就會把那個人的名字寫在一張紙上仔細地看，且聚精會神地將它記在心裡，然後把那張紙撕掉。這樣一來，他對那個名字就不只是聽到的印象，還有手寫與看見的印象。**記住他人的姓名等於把一份友誼深藏在心裡，記憶時間越久，情誼越深**，如同一瓶陳年好酒，越放越醇。

遇人挑釁，如何漂亮反擊？

有的時候，我們總會遇到一些難以應付的場面，比如出乎意料的訓斥、氣勢洶洶的責難、蓄意的諷刺與挖苦等。這個時候，是暴跳如雷、面紅耳赤地跟他對罵；還是運用你的高情商，有理、有利、有節地回敬對手，讓對方啞口無言的同時，還能讓你贏得路人的掌聲？後者無疑是更高明的做法，但這就需要當事者具備強大的心理素質和高超的說話技巧。

某天，小晗正在用公司的掃描器掃描許多年前的老照片，碰巧被同部門的幾個同事看到了，於是大家便圍過來湊熱鬧，自是品評一番說說笑笑。這時，公司的「毒舌婦」金燕恰好路過，於是也湊過來假意看照片。

有同事拿起一張照片問小晗是何時拍的，只見照片上的小晗有張胖嘟嘟的小圓臉，開心地手捧獎盃站在領獎臺上，旁邊側立的人紛紛鼓掌。「哦，這個是初中時候的一次知識競賽，我拿了全校特等獎。」小晗有些不好意思地說。

「哎呀，想不到小晗妳小時候那麼聰明哦！」

「是啊，還看不出妳是個小才女咧！」

……

同事七嘴八舌地邊說笑邊和小晗輕輕打鬧著，此時卻從旁邊傳來一個不太和諧、極其不屑的聲音：「呿，小時候聰明的人長大了，一般可就不會聰明到哪去嘍！」

不用看也知道說出此話的正是站在一旁伺機找茬的金燕，周圍的人瞬間沉默了，偷偷看著小晗的臉色，擔心兩人會就此爆發爭吵。不過小晗倒是一副自得其樂的表情，假裝親昵地走到金燕身邊，輕輕說了句：「那看來妳小時候一定比我聰明很多倍哦！」說完便手拿照片揚長而去，周圍的同事也紛紛帶著偷笑的表情悄悄溜出門去，只剩下獨自在屋裡跺腳的金燕。

與人交往時，我們可能會被別人有意無意地奚落、挖苦，這時越一味退讓，越讓對方覺得你好欺負。楚楚可憐也要懂得用對地方，應付懷有惡意、故意挑釁的人，你就得拿出天不怕地不怕的氣勢，運用「以眼還眼，以牙還牙」的辦法，有理、有利、有節地回敬對手。不僅針鋒相對，且能「原物」頂回，讓對方有苦說不出，最終只能自食其果。

當然，將難題拋還給對方，也要拋得有技巧、有水準才好，**最好能順著對方的話題反問，或是根據對方所說的話延伸下去做文章**，就如同小晗反將金燕那樣。將問題拋回去可不等同於岔開話題去談別的，否則便會讓人看出來你在躲避。

對方咄咄逼人，故意想讓我們難堪時，有以下幾條應對方法可供參考——

- **以退為攻**

假如對方是以刁鑽問題逼問你，讓你必須回答、不能推辭，你可以先假裝退卻，讓對方自以為是地逼過來，你再誘導他跟著你的思路走，順勢把對方帶遠，讓他完全進入你的圈套之後，再回過頭來反擊。

•後發制人

這是使自己能站穩腳跟的最有效辦法，一般當對方到了已經不能自圓其說或是山窮水盡時最為有效——因為對方總有弱點，只要先忍一時，等抓住對方話語中的漏洞之後，就把這一點無限擴大，讓他無力應對、無地自容，從而為自己出一口氣。

•把球踢給對方

當對方所提問題的角度很刁，無論你的回答是肯定或否定都有可能令其再次抓住話柄時，就不要正面回答，而是將問題再拋還給對方，將對方一軍，把燙手的山芋再扔回去。

在生活中，尤其是說話時，如果遇到了他人的無端挑釁，該反擊時絕不要嘴軟，要用事實向對方宣示：「我可不是好惹的！」

他人設「哏」，不妨順著話往下接

歌手滿江的新歌發表會上，汪涵大哥為了表示祝賀，特地手捧一把大麥送上臺去，說道：「祝你專輯能夠大賣。」

好友見狀故意設「哏」抬槓道：「咦？你這把好像是水稻！」

汪涵順勢說：「那更好啊，水（稻）到渠成嘛！」

汪涵順勢而為，穩穩當當地接住了對方拋出來的「哏」，這就是說話的精妙之處。在生活裡也經常會遇到這種情況：當我們說話時，對方突然拋出一個「玩笑哏」讓人不知所措。有些是朋友知己間的善意調侃，有的則是心懷鬼胎的人在找茬或是暗地諷刺——無論是哪種情形，高明的辦法就是接著對方的話往下講，而低能的方法則是立馬翻臉、認輸或是爭辯較真。

朋友之間，高明的招數可以讓彼此間的氣氛迅速升溫，低能的招數則會令對方陷入尷尬，並且以後不敢再與你開玩笑；對於那些不懷好意的人，高明的招數可以見招拆招，做得妙還能「反咬一口」，把矛頭還給對方，而低能的招數則無疑意味著向對方繳械投降不戰而敗，讓對方奸計得逞。

那麼，如何才能巧妙接住對方拋出來的「哏」呢？下面幾個方法可供參考——

・借題發揮

某大學中文系在開學第一天開了個座談會，新生們需要一個個自我介紹。當輪到來自農村的牛力時，他剛說了句：「我姓牛，來自鄉下……」不知誰小聲說了句：「瞧，鄉下小牛進城喝咖啡了！」許多人都笑了起來。

牛力先是一愣，但很快就鎮定下來，說道：「是的，我是來自鄉下的小牛。不過，我進城是來『啃』知識的，以便回鄉下耕耘。我『吃的是草，擠出來的是奶和血』，我願永遠做家鄉的『孺子牛』！」

話音剛落，大家熱烈地鼓起了掌。牛力用自己的機敏，順著那位同學過分的玩笑話，引用魯迅的名言，不但擺脫了尷尬的場面，而且表明了他做人的準則，為自己贏得了喝彩。

當有人給你設的「哏」帶有一定的侮辱性質，而拋「哏」的人又不是惡意刁難你時，如果你能順著對方的話借題發揮，反而把他的話變成你用來誇獎自己的話，可謂是一種最機智的選擇，這樣既能避免自己的難堪，又不至於把關係弄僵。

‧誘敵上鉤

集市上，幾個小商販擺著麻袋和秤桿，等著收購農民拿來的山貨。一位老農來到一個小商販面前，誠懇地問：「老弟，靈芝菌一斤多少？」老農的本意是問一斤靈芝菌能賣多少錢，小商販見老農兩手空空，以為他是問著玩玩的，就想開開他玩笑，開心開心。於是小商販答道：「一斤是十兩，你連這都不懂？」旁觀者們都笑了起來，使得老農很尷尬。

不過老農略一定神之後，開始反問小商販：「你做多久生意了？」

小商販隨口答道：「十年了。」

老農哈哈一聲，臉露譏笑地說：「虧你還是個生意人，人家問你多少錢你卻回答多少斤。我看你像個老生意人，才這麼問的，哪裡曉得你連『錢』都不懂，唉……」

老農故意把一聲「唉」拖得很長，這回輪到小商販被人笑了。

當有人純屬惡意地開你玩笑時，你當然要毫不客氣地回敬，誘敵上鉤就是其中一招。要不緊不慢地誘惑對方進入你設的言語圈套，在適當的時候反戈一擊，讓對方自討其辱。

•反唇相識

晚會上，一位年輕小夥子邀請一個女孩子跳舞。由於小夥子比較瘦小，女孩子不願意跟他跳，還非常不禮貌地開起了對方的玩笑：「我不想跟孩子跳舞！」

不過小夥子十分聰明，他收回停在空中的手，道歉說：「對不起，我不知道妳正懷著孩子。」女孩子的臉一下子紅到了耳根。[40]

生活中一些尷尬的局面，完全是由於別人不敬的玩笑所引起，**如果你隱忍退讓，很可能會被人看扁，把你當軟柿子捏；倘若針鋒相對，又會把事情搞僵**。這時，不妨採用反唇相識的辦法，把對方開自己玩笑的話返回到他身上去，從而為自己爭取主動權。

說話時，對於他人拋出來的「哏」，我們選擇接住要好過躲避。接住了，順著對方的話往下說，見招拆招，可巧妙地化之於無形；千萬不要認真計較對方說出的話，這樣你就徹底輸了。

有不滿，溫柔地說出來

每個人都有缺點。在夫妻之間，當你不滿另一半的某些行為時，如何避開無謂的爭執，讓對方心甘情願地為你做出改變呢？高情商的對話原則就是：**能用溫柔機智取勝時，絕不用強迫命令來實現**。

所以，不管是妻子還是丈夫，若心裡有不滿，不妨溫柔地說出來，這不僅能使你掌握相處時的主動權，也可以讓婚姻免遭爭吵的侵蝕，讓夫妻間的感情在溫柔的磨合過程中更親密、更融洽。

夫妻間發生矛盾時，要謹記以下幾條說話原則——

• 不要用責備的口吻否定對方

責備另一半的行為不當時，往往會指出自己所認為正確的做事方法。可能你的方法確實更好，但事實上大多數時候只是因為這種方法更符合你的主觀偏好而已。所以，千萬不要用責備的口氣否定對方的努力，而應表示對方做得很好，你很感謝。

比如，當丈夫花了一上午時間，最終還是沒有修好水管，而且弄得滿屋子臭味時，最好不要說「白費了一上午工夫也沒修好，還不如找人來修」這樣的話，而應該以委婉的口氣表達自己的意見：「這個修起來確實很費勁，你也累了，先吃飯吧。不行的話，下午找人來修就是了。」

記住，千萬不要吝嗇對另一半的感謝和肯定之詞，這會令對方樂於堅持下去。幸福的夫妻往往建立在彼此欣賞的基礎上，學會讚美，哪怕是日常生活中最細枝末節的舉手之勞，也不要忘記真誠地說聲「謝謝」。

• 不要說「為什麼你總是不聽我說」

「為什麼你總是不聽我說」或者「我早就告訴過你了，你偏不聽」，類似這樣滿是責備的話，不僅無助於問題的解決，而且還會嚴重影響雙方的感情。

美國西雅圖華盛頓大學社會學教授佩珀．舒瓦茨（Pepper Schwartz）曾指出，如果使用「總是」或「從不」這樣的字眼，丈夫此刻就不可能和妳進行正常的交談了。這種全盤否定的說法，把問題的責任全部推到他身上，而讓自己脫離了所有關係。反之，如果以「這對我真的很重要」作為開場白，會為妳打開一扇進行建設性對話的大門，它會令妳有機會說出可能會被他拒絕的話，而且提出解決問題的建議。

作為妻子，在表述妳的觀點時要冷靜。丹佛大學心理學教授霍華德．馬克曼（Howard Markman）博士認為，通常妻子對丈夫最大的抱怨是，對方完全不和自己溝通；而丈夫們最一致的看法卻是，說得太多會引起爭執。因此他建議，如果希望丈夫不僅聽妳說，而且更多地和妳交流，就要始終做到心平氣和。

• 不要隨便威脅他

「說得對，我正是要離開你！」這句威脅性的話往往很危險，不給進一步的交談留一點餘地。舒瓦茨博士解釋說：「丈夫可能真的會對妳說『再見』，或者譏諷妳不過是做做樣子，而這兩種結果對妳都是一種羞辱。」即便妳確實怒氣沖天而一走了之，你們的關係也不會就此結束，尤其還牽涉到孩子的問題。

所以，就算再憤怒，也不要把那些一觸即發的衝動話掛在嘴邊，畢竟你並非真的想要離開。理智的做法是，尋求能就此進行交流的途徑。在這種情況下，只要夫妻間的關係還沒有破裂，說出真實的感受有助於接觸到問題的根本。

不過，對於大多數婚姻而言，如果一方動不動就用離開來威脅，那麼隨著時間的推移，這句「我要離開你」，很可能會在將來某一天變成現實。馬克曼解釋說：「這就有點像自殺，總是威脅對方要離婚的人，會將自己未來的道路一點一點地逼進絕境。」當你氣急敗壞、無法控制自己情緒的時候，也只能這麼說：「那給我一種想要離開你的感覺。」

夫妻之間應該學會用溫情的言語進行溝通。如果你的本意是好的，可是話一出口就變了味，那麼最好改變表達方式，溫柔地說出你的不滿。這樣既可以改變對方，還能維護好你們的感情。

找個人替自己說「不」

拒絕別人的話之所以難以說出口，主要是因為擔心傷害彼此的關係。雖說拒絕別人有多種技巧，但還是難免造成不快。其實，有的時候根本不用絞盡腦汁想出拐彎抹角的拒絕方式，**只須將事情無法達成的原因轉移到第三者身上**——意即借用「別人的意思」拒絕對方，來表明自己心有餘而力不足。既然是由於第三者的阻礙而無法達成，自然不會傷害你們兩人的感情。

那在什麼情況下，適用上面提到的方法呢？答案是：有些問題自己直接說「不」，效果可能適得其反，同時又無間接拒絕的理由可用時，就能使用一個與問題無直接相關者的名義來說「不」。比如，「我的朋友說……」、「我的同事說……」、「大家都認為……」等等，其實這些所謂的「朋友」、「同事」、「大家」，可以是根本就不存在的人。這種說「不」的方式，在很大程度上能消除人們的心理障礙，而使問題得以順利解決，如同以下：

某造紙廠的推銷員去某大學推銷紙張，他找到自己熟悉的總務處處長，懇求對方訂貨。總務處處長彬彬有禮地說：「實在對不起，我們學校已同某國營造紙廠簽了長期購買合約，學校明確規定不再向其他任何單位購買紙張了，我也只能按照規定辦。」[41]

這樣一說，拒絕對方就不是總務處處長的意思，他把責任全部推到了「學校」那裡——學校的規定，誰也無法違反，事情就是這麼簡單。

此外，我們在找替自己說「不」的人時還需要注意，那個人最好是比較權威的人。對於生活中的有些人和事，只有從比較權威的人口中說出「不」才能鎮得住。

比如，出於工作需要，你要跟進某位主管的工作進度，而他正好是一個欺軟怕硬、專看上級臉色行事的人。作為下屬，你不妨這樣說：「王局長讓我來問問，你們處的工作報告寫好了沒有。」這樣迫使他不得不以認真的態度來回答問題，而你也不會被他壓住了氣勢。因為**你的身份已經轉換為「傳話者」而非「辦事者」**，縱使他心裡不情願，鑒於上級的壓力，也不敢對你太無禮。

當然這一招也不能亂用，而且最好用來拒絕陌生人或者不是很熟悉的人，比如某個推銷員，或者剛認識、還不清楚底細的人。

如果是知根知底、互相熟識的朋友，你也借別人的嘴巴來拒絕，讓朋友知道了，就會覺得你做作、不夠真誠，從而對你的印象大打折扣——畢竟大家都不願意跟為人很假又愛裝腔作勢的人相處。

找個人替自己說「不」，以別人的身份表達拒絕之意，這種方法看似推卸責任，卻很容易被人理解：既然愛莫能助，也不便勉強。

一位和善的家庭主婦說，巧妙拒絕的藝術使她一次又一次獲得了寧靜。每當推銷員找上門來，她都彬彬有禮但態度堅決地說：「謝謝你來推銷，但是我丈夫不讓我在家門口買任何東西，請理解我作為妻子的難處。」這樣，推銷員就知道該主婦肯定不會買他的商品，而且被拒絕的推銷員並不只他一個人，因此也就不會在主婦身上多費時間推銷了。[42]

所以，我們每個人都可以在必要時虛構一個「後臺領導」，把自己的意願依歸到他身上，適當地弱化自己的地位，表現出對決策無權控制的表象，拒絕效果就會立竿見影。總之，當你在交際中遇到那些不能以自己之口直接說「不」的問題時，最好借別人之口說出來，這樣既維護了自身形象，也能取得良好的辦事效果。

多備幾種說話模式，錯不了

情商高的人都懂得「看人說話，看菜下碟」——在人際交往中，遇到不同的人要說不同的話，這樣可以適當滿足對方的心理需求，從而贏得好感。只要對方認同你，願意聽你說話，溝通的目的就容易實現了——

• 看對方年齡說話

與長輩說話要保持謙虛：長輩教育後輩時常說：「我走過的橋，比你走過的路還多。」這是很有道理的。老年人雖然接受的新知識比年輕人少，但其人生經驗要豐富得多。在與長者談話時，晚輩一定要保持謙虛的態度。老年人都喜歡與人閒聊，有時碰上一位投緣的人便會滔滔不絕，話無止境。這時候，我們可以等對方講完一件完整的事後，借機離開。離開時要先對他的談話表示熱情感謝，再禮貌地告別。

與晚輩說話要保持穩重：如果是跟晚輩說話，最好不要在他們面前倚老賣老。倘若年齡稍長的人張口閉口「我當年……」、「你們年輕人該……」類似的話，相信沒有哪個年輕人愛聽。與晚輩聊天時，可以說一些他們感興趣的話題，讓他們明白年齡不是問題，你的心態與他們一樣年輕，這樣談話就能順利進行了。

•看對方身份地位說話

身份職務不同並不妨礙人際交流，下級對上級、學生對老師、普通人遇上有名氣地位的人等，不應當也沒必要表現得低聲下氣、唯唯諾諾，但也不要過於隨便，要注意態度上表現出尊敬，回答問題時簡練適當，不隨意插話，儘量不講題外話，說話姿態自然不緊張。接著，看看以下例子：

小許是一所中學的教務處處長，很得教育局一位主管的賞識。這位主管是教師出身，為人處事溫和大度。他與小許並未謀面，但看了小許的報告後十分讚賞他的才華，便約請小許與他聊聊。

在欣賞自己的主管面前，小許並沒有得意忘形，言談舉止都嚴謹得宜，很有分寸。主管雖性情開朗，嘴上多次表示要小許隨意些，但心裡對小許穩重得體的舉止很是高興，覺得自己沒有看錯人。就這樣，小許與那位主管逐步建立了友情。[43]

有身份地位的人，通常其閱歷、學識等方面都高於一般人。與他們交往，常令我們肅然起敬，有時還會因一種威壓感而噤若寒蟬。特別是那些未見過世面的青年人，在前輩或大人物面前往往舉止生硬、言語囁嚅，丟失了自己的個性、本色。其實，與比自己地位高的人交往，是一種常規的社交活動，只要表示友好、尊重對方、說話行事有禮有節，自然會贏得對方的認可和尊重。

比如，當你與上司說話或是探討工作時，就應該儘量用謙虛的語氣，向上司多請教工作方法，多討教做事經驗，他會覺得你尊重他，從而對你產生好印象。

所以，在工作中即使你全都懂，也要裝出有不明白的地方，然後主動去問上司：「關於這件事，我不太瞭解，應該怎麼辦？」或「這件事依我看這樣做比較好，不知局長有何高見？」上司一定會很高興地說：「嗯，就這樣做！」或「這個地方你要稍微注意一下！」如此一來，身為下屬的你不但會因少犯錯誤而少被批評，上司也會感到自身的價值；有了他的幫助和支持，後面的事情就好辦多了。

此外，還要根據對方的性格和心理狀態說話——一般性格外向的人善於與人交談，性格內向之人多半「沉默寡言」。與性格開朗的人談話，你可以侃侃而談；和性格內向之人談話，就應注意分寸，循循善誘。老舍*曾經說過：「話是表現感情與傳達思想的，所以大學教授的話與洋車夫的話肯定不一樣。」因此，同樣的話對這個人說，他可能願

*編註：舒慶春，字舍予，著名小說家、文學家、戲劇家。

意接受，而對另一人說，他非但不接受，還可能產生反感。所以，對不同的人說不同的話，充分顧及對方的感受，就是一個人高情商的表現。

怎麼跟主管說「NO」？

上司委託你做某事時，要全面考慮這件事自己是否能勝任、是否違背良心，然後再做決定。如果只是為了一時的情面，即使是無法做到的事也應承下來，結果很可能是吃力不討好；事情沒做好，上司也不給你好臉色看。**不懂拒絕是一種愚昧的善良**。拒絕這件事，最高情商的表現便是——行就行，不行就不行，千萬別裝。

當然，拒絕上司是要講究方法的，因為上司不是一般人，他有可能決定你將來的前程，不容輕易得罪。但是，如果能採取一些巧妙而又行之有效的拒絕方法，那你盡可以大膽說一句：「主管的話就敢不聽。」不過要事先聲明的是，這只是針對上司提出的一些不合理要求，如同以下：

張強在深圳某ＩＴ企業擔任部門總經理，由於他的技術能力強、業務精，老闆很是器重。當時另一部門的總經理剛剛離職，考慮到張強的業務能力不錯，老闆便希望他能同時擔任兩個部門的總經理。面對這一情況，張強很為難，因為他知道雖然自己的技術實力很好，但作為管理者還缺乏一定的管理能力，更何況還要同時兼管兩個部門。所以，他決定找個合適的機會，將自己的想法與老闆溝通。

兩天後的午休時間，張強敲響了老闆辦公室的門。一番寒暄過後，張強對公司安排他同時出任兩個部門的總經理一事，與老闆交換了想法：「我的強項是技術，但另一部門更突出總經理管理方面的才能，這和我的技術不相匹配。如果我只管理一個部門，可以把這個部門的各方面做精做細，但要同時管理兩個部門就分身乏術了。」

接下來，張強又從公司利益的角度詳細闡述了跨部門兼管的利弊，並為老闆推薦了一位更合適的人選，老闆對張強的建議表示了認可。

對上司不恰當的決策指令，可以考慮推辭，但推辭不是耍滑頭，而是委婉的拒絕。在跟上司說「不」時，要善於動之以情、曉之以理，如此再固執的上司也會被感化。當然，在提意見時立場一定要正確，不能僅站在自己的角度上找理由，而是要多站在公司的立場上去看問題，把事件可能會給公司或他人帶來的利弊講清楚。這樣的回答，會讓上司覺得你是一個注重團體精神和有主見的人，自然願意接受你的意見。

然而有些情況下，身為下屬也不可一味拒絕，儘管你拒絕的理由聽起來很合情合理，但是因為事情緊急，上司還是堅持非你不行，這時如果你的事情可以暫時擱置，就不該再推辭。否則，上司可能會以為你不願為公司出力，從而懷疑你的工作幹勁和能力，以致失去對你的信任，使得在以後的工作中，有意無意地使你與重要的工作機會失之交臂。

對上司說「不」其實是一門學問，要擺正心態，更要學會技巧。上司畢竟是上司，所以要盡可能地維護上司的尊嚴。如果交給你的任務確實力不能及，千萬別馬上表示不能接受，而應先謝謝上司對你的信任和器重，並表示很樂意為他效勞，然後再含蓄地說明自己愛莫能助的理由，這理由可以從你的職責範圍提出，也能從自身的特殊情況提出，但不管從哪方面提，理由都必須有說服力，這樣才能讓上司主動收回指令，取得你想要的拒絕效果。

可以拒絕愛情，但要留住友情

每個人都有愛與被愛的權利。如果對方請人轉告或是暗示希望與你建立戀愛關係，而你的心裡對此人並不滿意，那麼該怎麼辦呢？

很簡單，這種情況下千萬不要礙於對方的面子，或者因為怕傷害彼此的友誼，而使得自己的態度含糊不清、曖昧不明，一定要用委婉的話語明確地拒絕對方。雖然被拒絕會讓對方難過一時，但是坦白你的拒絕之意，比遮遮掩掩、猶豫不決更能顯示你的誠意，這也是尊重對方的表現。

不過，這裡有一個很重要的前提，在表達上一定不要傷害對方的自尊心，尤其是對身邊關係好的同事或同學，婉謝愛意時更應該注意表達方式。如若你當時不加考慮、直截了當地說「不」，事後定會後悔——不應該在拒絕愛情時也丟了友情。

有一位漂亮的姑娘突然收到一封情書，是部門裡很不起眼的小夏寫的，她心想：「癩蝦蟆想吃天鵝肉。」一氣之下把情書貼到了食堂入口處。結果可想而知，小夏在部門裡顏面掃地。但是四年後，曾被羞得無地自容的小夏找到了稱心伴侶，而漂亮姑娘還是孤零零一個人，因為原來想追求她的人都被她的舉動嚇跑了。

別人向你求愛，他沒有錯；你拒絕他的愛，你也沒錯。最關鍵的是怎樣拒絕，如果拒絕得恰到好處，對雙方都是一種解脫；如果你不慎選方式，不但傷害他人，說不定也會傷害自己。

某醫院的護士小劉長得清秀水靈，大家都很喜歡她。一天下班，平時工作中一直很關心小劉的鄭醫生鄭重地對她說：「小劉，一起去吃飯好嗎？我有很重要的話想跟妳說。」小劉一聽，心裡便明白了「重要」的含義，於是她笑著說：「好哇！我正好想請你幫個忙。」

鄭醫生一聽高興極了，開心地回：「行，只要是能幫上妳的忙，我一定竭盡所能。」

小劉又笑了：「可沒那麼嚴重！只不過是我男朋友臉上生了幾個痘痘，我想問你用什麼藥比較好？」

這就是一種高情商的拒絕方式，這樣婉謝愛意大家都不傷面子，「愛」字與「不」字都沒有從口裡說出，只是心照不宣罷了。日後見面，同事還是同事，朋友仍是朋友，並不會在心裡浮現障礙。

很多人遇到不喜歡的人示愛，都不知該怎樣拒絕，因為一方面婉謝愛意的話語要恰當、委婉，既要把自己的意思表達清楚，讓對方沒有心存幻想的餘地；另一方面又不能太不近人情，即使沒有愛情但希望友情還在。那麼，到底該如何說呢？掌握以下幾個技巧就可以幫你很好地解決這個問題——

- 若已有意中人，又遇到求愛者，就直接明確地告訴對方，你已心有所屬，請他另擇佳偶。但切忌向求愛者炫耀自己戀人的優點，以免傷害對方的自尊心。

- 如果是還在讀大學的女學生，對於不是妳喜歡的人的告白，務必要做到把他的念想扼殺在萌芽狀態。可以告訴對方目前只想好好念書，為將來找好工作做準備，暫時不考慮戀愛問題，對方也就明白妳的意思了。
- 對於已經工作的女孩，如果部門裡有男同事追求，而妳並不喜歡他，為了不影響你們今後在工作上的合作，妳可以選擇這樣的婉拒方式：「對不起，我不想在同一個部門裡找對象，這會讓人感到二十四小時都沒有自己的空間。」

當一個人愛上另一個人，在他（她）的心目中肯定不想只是做朋友那麼簡單，所以如果你確定自己不願意，在關係定位上就要非常清晰。每當與暗戀自己的人見面時，要明確以「朋友」的態度對待對方，絕不可令對方有任何遐想，但說話也不能太直接，以免傷害對方的自尊心。

應聘時的隱私提問，如何回答？

某招聘網站的論壇曾就「面試時最不喜歡被問到的隱私問題」為話題發起投票，排第一位的是「你在上家公司的薪資是多少？」其次是個人的婚姻或戀愛情況，另外對於已婚女性的生育問題也多有提及。關於面試中的隱私問題，面試官問了，求職者就一定要回答嗎？

答案是未必，如何聽懂面試官問題背後的真正含義並巧妙地回答，考驗應聘者情商的時候到了。

按照常理，招聘企業問及個人隱私問題是明顯有些侵權的行為。但是，也有些招聘企業認為，向應聘者詢問這些問題並無不妥之處。瞭解應聘者的一些隱私，一方面可以根據對方的實際情況安排適合的職務。

比如，當面試官問「有沒有男朋友」、「打算什麼時候結婚」等問題時，他本意並不是要窺探你的個人隱私，而是因為有一些崗位比較特殊，會因為工作而影響到員工的正常休息時間，所以面試官需要瞭解一下求職者的個人品行和性格特點，以及對工作的看法等等，以此來判斷求職者是否適合所應聘的職位。

另一方面，面試官也可借敏感問題來考察應聘者的應變能力，觀察對方能否在不情願的情況下顧全大局，既維護自己的利益，又讓事情得到圓滿解決。

其實這些問題如何回答並無定論，重要的是回答要讓對方放心，讓對方覺得你能安心留下來工作。相信大多數企業都「以人為本」，**每一種「令人尷尬」的提問，都有其必然的潛因。**

在這裡尤其要指出一個面向，由於女性本身所具有的一些先天求職劣勢，如結婚生子、照料家務等，招聘企業常擔心其婚姻和家庭會影響工作，所以面試時往往提出許多相關的問題。這些問題或許刁鑽古怪，或讓人覺得左右為難，如何回答都不妥當，但能否回答好這些問題，又直接關係到求職能否成功。

比如，其中一個常常被面試官提出來考驗女性求職者情商的問題是：「如果讓妳在家庭與事業之間做選擇，妳認為哪一個更重要？」

這是一個老生常談的問題，也是一項難題。事實上，這是一個對任何人都重要的問題，之所以更頻繁地出現在女性求職者面試的情景中，是因為女性往往要對家庭內務承擔更多責任，而這些責任很可能與工作相衝突。招聘企業自然非常希望妳以事業為重，但他們也很清楚，誰都希望擁有一個幸福美滿的家庭，而有幸福的後方作保障，才能無後顧之憂地集中精力工作。

顯然，這道題目是個兩難的選擇，不管女性朋友選擇家庭還是事業，無疑都是不合適的。所以，回答這個問題時，不妨換個角度，不和題目正面衝突，但又給出招聘企業想要的答案。

女性朋友可以參考如下回答：「我認為，無論在工作還是家庭中，女性的最大目標都是要使自己活得有價值。我很想透過工作來證明自己的能力、體現活著的意義，但家庭對於我的意義也是不容小覷的。我也相信，不只是我，可能每個人都是這麼認為的。家庭和工作也許是互相影響的兩個方面，但我相信，它們並不是站在對立的立場上，處理得當的話是完全有可能兩全其美的。事實上，很多女性都是這樣做的，而且她們也做得很不錯，我認為我也可以做到。」

這樣的回答，既表明了妳對待工作的態度，又表達了妳對家庭的熱愛，這兩點正是一個心理健康、成熟的女性該具備的。

總之，在回答這類敏感問題時，最好以中庸低調、不偏不倚為大原則，切忌過分極端的答案。此外，如果能夠在回答時簡要說明理由，即使問題刁鑽古怪，只要能自圓其說，也能得到不錯的評價。

求職薪資，怎麼談最恰當？

薪酬問題一直都是求職者和招聘方洽談的焦點話題，同時也是求職面試中一個十分重要而又敏感的問題。

「你期望的薪資大概是多少？」、「你對我提出的月薪還滿意嗎？」這系列涉及薪酬的問話，常常讓求職者有口難答。一是，由於受傳統觀念的影響，在談及此問題時往往羞於啟齒、欲說還休。該不該或敢不敢回答，是一個難點。二是，如何把握討論薪酬的分寸，不破壞自己在面試官心目中的印象，這也是一個難點。

下面我們就來提供一些簡單實用的方法，幫助你跟面試官「談錢不傷感情」——

• 迂迴曲折，巧報身價

一般而言，你目前的薪資水準是未來老闆「出價」的參照，因此大多數老闆在面試新員工時都會問到這個問題，恰當的回答很可能對將來的薪資有利。所以，當專業的人事經理問及這一問題時，你最好避免正面回答，而採取迂迴曲折的方式。

先不急於報「實價」，以免今後沒有迂迴或進一步解釋的餘地，可以先簡單地向對方解釋一下目前的薪資結構。比如這樣說：「我現在的收入除了每個月的固定工資之外，還有獎金、房屋津貼、交通津貼等。」然後順帶說到某幾個部分具體是多少錢。這樣一來，即便沒有直截了當地報出身價，對方只要簡單估算，也能大致明瞭。

• 準確定位，直奔期望

「薪資期望值」是求職者的必答題之一，而這恰恰也是令他們比較頭疼的難題。在面試中被問及這個問題時，求職者最好先自己判斷一下，對方和你是否真正進入實質性談判了。一些人事部經理會拿這個問題來考量應聘者，而起初應對這種情況最好的方法是使用一些「外交辭令」，比如回答「薪酬不是我的首要考慮因素，我更看重在貴公司的發展前景」等。

但如果是經過幾輪面試，雙方已經明確進入實質性談判階段，這時就應當抓住機會，委婉地說出自己的期望值，如果再拖泥帶水、遮遮掩掩，則會錯失良機。

• 執意堅持

目前就業壓力大，工作機會很重要。但是，如果招聘方提供的薪資水準實在難以滿足你的心理預期，這時不妨採取以退為進的方法，或許能夠讓對方重新認真考慮你的要求。當然，即使要拒絕對方，也要為協商留有餘地。如果雇主需要你，他會樂於滿足你的要求。而一旦你對他們提出的標準說出絕對的「不」，交易肯定做不成了。

現在許多應聘者不懂其中的訣竅，公司還沒有表示出要錄用的意思，應聘者就冒失地和人事經理談薪論酬，這是極不明智的做法；也有些應聘者，對薪水要求說得斬釘截鐵——非要多少錢，否則就不幹，這也是不好的。最好的辦法，不僅要給自己留餘地，也要給對方留餘地，如此最後獲勝的還是自己。

• 目標轉移

如果你目前的薪水太少，那麼直接回答不會給你帶來什麼好處，正確的回答是顧左右而言他，學會打太極，比如巧妙地回答：「我相信公司會根據我的業績給予合理報酬，以體現多勞多得的原則。」或者「錢不是我唯一關心的事，我想先談談我對貴公司所能做的貢獻……如果您允許的話。」這樣將球又踢了回去，由對方來做出決斷。

• 範圍波動

每個雇主在心裡對員工薪水的上下限度都有一把尺，會經常在那個限度內自由調整，並且手頭也掌握著你所不知的內情。而不知道對方是怎樣想的時候，往往容易自降身價，這樣豈非正中其下懷？所以，在你提出任何薪水要求之前，請務必搞清楚它的大致價位，以退為進提出反問，比如：「我願意接受貴公司的薪酬標準，不知按照規定這個崗位的薪酬標準是多少呢？」如此非但沒有露出自己的底，反而可以摸清對方的底。假如它低於你心理的價位，你就定一個比目前薪水高至少十％～二十％的價。總之，你必須得先開價，而且不要把底線定得太低。

巧妙地應對薪酬問題是面試的重要一步，如果在薪酬問題上能有靈活的策略，那麼面試成功的概率就會大大提高了。

不懂的不說，懂的慎重說

孟子說：「**人之患在好為人師。**」這確實是很多人的通病。我們總是覺得自己是優秀的，可以完成很多事情，因此喜歡到處發表意見；而當別人沒有聽從的時候，便會覺得對方蠢笨，或者認為對方並沒有將我們看在眼裡。其實，這是不對的。試著換位思考一下，我們自己是否喜歡那種指指點點的人，如此便可明白個中道理了。

可是，很多時候雖然我們無意評論，但有人希望我們能就自己的專業水準給予一些指導，這時候如何回答也是有學問的，不要因為別人主動來問，便覺得自己高高在上。同時，別人問的未必就是我們懂得的，所以高情商的回答方式便是：不懂的不說，懂的慎重說。

在這一點上，馬雲就是我們學習的榜樣。很多人都覺得，馬雲給人口才好、有深度的印象，源於他有洞見，這自然是不差的，然而並不是全部。馬雲能做到那麼受人歡迎，還在於他對自己有一個清晰的定位，更重要的是能管住自己的嘴，不說空話，不對自己不明白的領域亂發言。

在做客《對話》時，馬雲對一位觀眾所提問題的回答，就是他在這方面表現的一個最好注解：

趙鵬：「本地生活在經歷一個新的電子商務浪潮的過程當中，您希望有很多小而美的企業出來，我們也希望成為其中一個也許小而美、或者中而美的企業，所以您能否就如何實現這個目標提一點建議，或者說千萬別幹什麼。」

馬雲：「這是一個應該慎重對待的問題。你剛才講這個事時，我在回憶二〇〇三年、二〇〇四年、二〇〇五年我在做互聯網時，那時候我其實只記住一樣東西，就是幫我的客戶賺錢。淘寶二〇〇三年成立，後來打敗 eBay 只是樂趣而已，就是在特別痛苦的時候，找一個對象折騰一下。我真沒想到可以把它捅翻掉，我也沒想真去捅翻它，純粹是它要打我的時候，我給它樂了一樂。但是心裡面的想法永遠不會改變，我很清楚地知道這一點——只有淘寶的小賣家掙錢了，我們才有活下來的可能。」

「本地生活的原則就是這樣，讓那些提供吃喝玩樂服務的商家在你這個平臺上能賺錢，讓他們真正知道有你和沒有你是有區別的。你全心全意幫他們成功，這個時間延得越長，你越有機會。千萬不要做的事情是，不要去證明你的模式是對的，因為今天你認為對的模式，三年以後可能是錯的。你只須證明一點——想幫自己的客戶成長，這一定是對的，這是我覺得要做的。」

透過上面一段話可以看出，馬雲一直在分享自己曾經的相似經歷，這種態度就是好的。很多時候，有些問題即使與我們的專業非常相關，也未必是我們能掌握的。自己覺得「懂」，很可能是一廂情願的認為罷了，這時候要管住自己的嘴，在不懂的領域儘量少發言，如果非要說，那就結合自身的經歷，說些自己曾遇過、真正懂得的事。像馬雲，本身是互聯網商業的巨擘，一樣不去說自己經歷之外的事情，這才是正確的態度。

給別人指導或建議，是為了幫助對方，同時也是想要展現自我。如果在不懂的領域胡亂說話，那麼就不是展示自我，而是暴露自我了。要知道，**對不懂的事情不發言並不丟人；對不懂的事情亂發言，才真正丟人**。

說自己該說的話，更要說自己能說的話，同時也要說自己懂得的話。人最忌諱的是覺得自己無所不能，認為自己對哪個領域都有很深刻的見解，那樣的天才或許有，但未必是我們。因此，還是低調些的好，用自己的經歷進行分享解讀，不僅給人一種誠懇感，而且也能真正給人幫助。說些空話，只會讓別人討厭我們。[44]

參考文獻

1《演讲与口才》学生版二〇一六年五期
2《生活中不可不知的心理博弈术》马银文，中国画报出版社，二〇一〇年九月一日
3《丑女无敌——做一个成功的先锋女孩》李娜、曹博，凤凰出版社，二〇〇九年一月
4《演讲与口才》学生版二〇一六年五期
5《曼德拉 苦難中的幽默》余杰／中國旅美作家，臺灣醒報，二〇一四年二月四日
6《你今天幽默了沒？》劉明凡，老樹創意出版中心，二〇〇九年十一月十六日
7《演讲与口才》学生版二〇一六年五期
8《其实就是懂幽默》徐图，哈尔滨出版社，二〇一六年六月一日
9《用幽默的方法表达你的看法》徐图，新世界出版社，二〇一〇年七月一日
10《用幽默的方法表达你的看法》徐图，新世界出版社，二〇一〇年七月一日
11《輕安自在》李焯芬，三聯，二〇〇九年四月一日
12《理想与成功》李华伟，辽海出版社，二〇一一年三月一日
13《如何找份好工作》王峰，中国华侨出版社，二〇〇七年十月一日
14《秀场后台》孟静，生活·读书·新知三联书店，二〇一〇年一月一日

15《卡耐基的人生哲学丛书》苏杨、高铁军、高伟、段斌、刘积山、靳西、高国政、勾良图，北京燕山出版社，二〇一五年五月十日
16《一分钟的人生感悟全集》李宏，北京燕山出版社，二〇一〇年八月一日
17《约会心灵》郜启扬、费坚、吕玉，旅游教育出版社，二〇〇八年四月一日
18《支持你成功的十二种人》鹤斐，企业管理出版社，二〇〇六年七月一日
19《改变你一生的怪诞行为心理学》白雯婷，新世界出版社，二〇一一年九月一日
20《迷茫迷惑不迷路》戴奇，新世界出版社，二〇一〇年八月一日
21《我贫穷我奋斗我成功》金庚石，延边人民出版社，二〇〇八年九月一日
22《人性的弱点》戴尔·卡耐基（Dale Carnegie），江西人民出版社，二〇一六年三月
23《「甩手掌柜」的用人哲学》，郑一群，文化发展出版社，二〇一一年四月
24《有效说服的技巧》李少林，山东电子音像出版社，二〇〇九年四月一日
25《小故事大感悟》李元秀，延边人民出版社，二〇〇六年八月一日
26《迷茫迷惑不迷路》戴奇，新世界出版社，二〇一〇年八月一日
27《这样说话最有效》山峰，长安出版社发行部，二〇〇九年三月一日
28《把话说到点子上》徐春艳，石油工业出版社，二〇〇八年一月一日
29《改变你一生的怪诞行为心理学》白雯婷，新世界出版社，二〇一一年九月一日

30《聰明女人要懂得讀心術》劉娟，元華文創股份有限公司，二〇一五年一月一日
31《莊子全書》莊子作，司馬志 編，華志文化，二〇一三年一月三日
32《说话其实可以套公式》上官海丹，北方妇女儿童出版社，二〇一五年一月一日
33《成功做人要注意的100个细节》，志刚，中国华侨出版社，二〇〇九年十二月一日
34《厚黑学全书3》李宏，吉林大学出版社，二〇〇九年十月一日
35《幸福女人的小詭計》，馬銀春，元華文創股份有限公司，二〇一五年六月一日
36《有效说服的技巧》李少林，山东电子音像出版社，二〇〇九年四月一日
37《一生必读的历史经验大全集》新世界出版社
38《笑赞》明朝，赵南星
39《沟通赢得一切》，吕真真，长安出版社发行部，二〇〇七年八月一日
40《最快乐的幽默口才》陈栎宇，内蒙古文化出版社，二〇〇六年五月一日
41《厚黑学全书》李宏，吉林大学出版社，二〇一五年五月一日
42《时尚社交礼仪》李元秀，内蒙古人民出版社，二〇〇七年十二月一日
43《左右逢源好人缘》元秀，延边人民出版社，二〇〇六年八月一日
44《我一开口，就能说服所有人：马云说话之道》吴帝聪，台海出版社，二〇一五年一月一日

情緒智慧說話課

話不投機怎麼開口？不爽回擊如何不壞氣氛？

作　　者　朱凌、常清

總 編 輯　鄭明禮
責任主編　楊善如
業務經理　劉嘉怡
業務副理　古振興
行銷企畫　朱妍靜
會計行政　蘇心怡、林子文

封面設計　巫麗雪

出版發行　方言文化出版事業有限公司
劃撥帳號　50041064
電話／傳真　(02) 2370-2798 ／ (02) 2370-2766

定　　價　新台幣 310 元，港幣定價 103 元
初版一刷　2018 年 8 月 8 日
I S B N　978-986-96473-9-7

國家圖書館出版品預行編目（CIP）資料

情緒智慧說話課：話不投機怎麼開口？不爽回擊如何不壞氣氛？/ 朱凌, 常清著. -- 初版. -- 臺北市：方言文化, 2018.08

面；　公分. --（標竿學院；GC024）

ISBN 978-986-96473-9-7（平裝）

1. 說話藝術　2. 口才　3. 溝通技巧

192.32　　107011975

方言文化

本书台湾繁体版由四川一览文化传播广告有限公司代理，经北京金文掌阅文化传媒有限公司授权出版。同意由方言文化出版公司在台湾、新加坡、马来西亚、香港、澳门发行中文繁体字纸质版本。